UNIVERSITÉ DE GRENOBLE — FACULTÉ DE DROIT

LA CLAUSE

DE

LA NATION LA PLUS FAVORISÉE

THÈSE POUR LE DOCTORAT

Soutenue le Jeudi 31 Mai 1900

PAR

Louis BONNET

GRENOBLE

IMPRIMERIE TYPOGRAPHIQUE G. VILLARD

15, rue Champollion

1900

LA CLAUSE

DE

LA NATION LA PLUS FAVORISÉE

UNIVERSITÉ DE GRENOBLE — FACULTÉ DE DROIT

MM. TARTARI ✳, ❂ I, doyen, professeur de Droit civil.

GUEYMARD ✳, ❂ I, doyen honoraire, professeur de Droit commercial.

TESTOUD ✳, ❂ I, professeur de Droit civil, *en congé*.

GUÉTAT, ❂ I, professeur de Législation criminelle.

FOURNIER, ❂ I, professeur de Droit romain.

BALLEYDIER, ❂ I, professeur de Droit civil.

MICHOUD, ❂ I, professeur de Droit administratif.

BEUDANT, ❂ A, professeur de Droit constitutionnel.

CAPITANT, ❂ A, professeur de Procédure civile, chargé d'un cours de Droit civil.

HITIER, ❂ A, professeur adjoint.

CUCHE, agrégé, chargé de cours.

GEOUFFRE DE LAPRADELLE, agrégé, chargé de cours.

REBOUD, agrégé, chargé de cours.

DUQUESNE, agrégé, chargé de cours.

ROYON, ❂ I, secrétaire.

JURY DE LA THÈSE

Président : M. BEUDANT, professeur.

Suffragants { MM. GEOUFFRE DE LAPRADELLE, agrégé.
REBOUD, agrégé.

UNIVERSITÉ DE GRENOBLE — FACULTÉ DE DROIT

LA CLAUSE

DE

LA NATION LA PLUS FAVORISÉE

THÈSE POUR LE DOCTORAT

Soutenue le Jeudi 31 Mai 1900

PAR

L<small>OUIS</small> BONNET

GRENOBLE
IMPRIMERIE TYPOGRAPHIQUE G. VILLARD
15, rue Champollion

1900

A mon Père et à ma Mère

BIBLIOGRAPHIE

OUVRAGES CONSULTÉS

Benoit. *Etude sur les Capitulations entre l'Empire Ottoman et la France*, thèse, Nancy 1890.

Cauwès. *Cours d'économie politique*, 3e édition, 1893.

Darras. *Du droit des auteurs et des artistes dans les rapports internationaux,* Paris 1887.

Bricon. *Des droits d'auteurs dans les rapports internationaux*, thèse, Paris 1887.

Dejamme. *Le tarif des douanes.* Commentaire de la loi du 11 janvier 1892.

Depping. *Histoire du commerce entre le Levant et l'Europe*, 1830.

Despagnet. *Essai sur les protectorats.*

Diplomate (Un ancien). *Le régime des Capitulations.*

Encyclopédie (La grande). V^{ie} *Capitulations; Douanes.*

Féraud-Giraud. *De la juridiction consulaire dans les Echelles du Levant et de Barbarie.*

Funck-Brentano et Sorel. *Précis du droit des gens.*

Gavillot. *Essai sur les droits des Européens en Turquie et en Egypte. Les Capitulations et la réforme judiciaire.*

Gide (Charles). *Principes d'économie politique*, 4e édition, Paris, 1894.

Holtzendorff. *Handbuch des Vœlkerrechts* (T. III, § 49, die *Meistbegünstigungsclausel*).

Lyon-Caen et Renault. *Traité de droit commercial*, 2e édition, Paris 1890.

Martens (F. de). *Traité de droit international.*

Pietri. *De la fiction d'exterritorialité*, thèse, Paris 1895.

Poinsard. *Etudes de droit international conventionnel*, Paris 1894.

— *Libre-échange et protection*, Paris 1893.

Rambaud (Joseph). *Eléments d'économie politique*, 2e édition, Paris 1896.

Rey (Francis). *De la protection diplomatique et consulaire dans les Echelles du Levant et de Barbarie*, thèse, Paris 1899.

Schraut. *System der Handelsvertrœge und der Meistbegünstigung*, Leipsig, 1884.

Silvy. *Des droits des auteurs et des artistes sur leurs œuvres au point de vue international*, thèse, Grenoble 1895.

Sorbier de Pougnadoresse. *La justice française en Tunisie*, thèse, Montpellier 1897.

Thaller. *Les Compagnies françaises d'assurances.*

Valfrey. *Histoire du traité de Francfort*, 1874.

Veillcovitch. *Les traités de commerce*, thèse, Paris 1892.

Vincent. *Les étrangers devant les tribunaux français.*

Weiss. *Droit international privé.*

PÉRIODIQUES

Le Monde économique, 1891, 1892.
Journal des Economistes, 1877, 1879, 1882, 1892.
Revue d'économie politique, 1891, 1892.
Revue de droit international et de législation comparée, 1893, 1897.
L'Economiste français, 1877, 1878, 1881, 1895.
Journal du droit international privé (CLUNET), 1881, 1882, 1883, 1893.
Revue générale de droit international public, 1894 à 1898.
Annales de droit commercial, 1896.
Revue du droit public et de la science politique, 1898.
Revue de Paris, 1896.
L'année politique, 1888.

DOCUMENTS OFFICIELS

Ministère des affaires étrangères. *Documents diplomatiques ; Livres jaunes.*
Conseil supérieur du commerce, de l'agriculture et de l'industrie. *Examen des tarifs des douanes*, Paris 1876.
Conseil supérieur du commerce et de l'industrie. *Enquête sur le régime douanier*, Paris 1889-1890.
Commission du tarif général des douanes. *Rapports, enquêtes, dépositions*, 1878-1880.

RECUEILS DIVERS DE TRAITÉS ET DE CAPITULATIONS

DE CLERCQ. *Recueil des traités de la France.*
DUMONT. *Corps universel diplomatique du droit des gens*, Amsterdam 1731.
D'HAUTERIVE et de CUSSY. *Recueil des traités de commerce et de navigation de la France.*
DE MAS-LATRIE. *Traités de paix et de commerce et documents divers concernant les relations des Chrétiens avec les Arabes de l'Afrique septentrionale.*
CHARRIÈRE. *Négociations de la France dans le Levant.*
TESTA (Baron J. de). *Recueil des Traités de la Porte Ottomane avec les puissances étrangères.*

PREMIÈRE PARTIE

ORIGINE ET NATURE DE LA CLAUSE

CHAPITRE PREMIER

Considérations générales. — Origine de la clause de la nation la plus favorisée

Les relations internationales sont généralement réglées par des traités.

Actes longuement étudiés et minutieusement discutés par les intéressés, ces accords bilatéraux établissent, suivant leur objet, comment les nations se comporteront entre elles sur des points donnés et dans des circonstances déterminées.

Qu'il s'agisse de traités intéressant l'Etat en tant qu'Etat — traités de paix, d'alliance, de navigation ou de commerce, se rapportant ainsi plus spécialement au droit public, — ou de traités visant la situation particulière, les droits privés et les obligations de l'individu, en un mot sa condition juridique, les engagements pris sont obligatoires et s'imposent à l'observation réciproque des parties.

L'accord se fait d'ailleurs sur les bases qu'il plaît aux parties de déterminer : il est la loi des contractants.

Mais quelque soit la liberté dont elles disposent, les parties se réfèrent souvent, pour simplifier les arrangements diplomatiques, aux traités conclus antérieurement par elles, ou même à ceux que l'une d'elles a souscrits au profit d'une nation tierce. C'est ainsi qu'on rencontre dans les traités un certain nombre de stipulations, toujours identiques au fond et dans la forme, que l'usage a consacrées au point d'en faire des clauses de style. Parmi les modalités qui affectent les conventions — réciprocité, égalité de traitement avec les nationaux, égalité de traitement avec la nation la plus favorisée, — la première

place revient à cette dernière. Il ne se conclut plus de traité sans qu'on ne l'y insère. Hâtons-nous de dire que son but n'est pas seulement de simplifier les conventions. ·
Et quoi de plus naturel qu'une puissance se ménage et assure à ses nationaux en pays étranger le traitement le plus favorable, qu'elle et ses nationaux soient, dans leurs rapports avec ce pays et les nationaux de ce pays, sur le même pied d'égalité que la nation la plus favorisée? Il n'y a plus aucune raison en effet avec le développement général, universel de la civilisation de faire bénéficier quelques nations seulement de faveurs et de privilèges dont les autres seraient exclues.

De tout temps et en tout pays, certains étrangers — les isotèles et les métèques à Athènes (1), les pérégrins latins à Rome (2), quelques catégories d'aubains dans l'ancienne monarchie franque (3), — ont joui de traitements de faveur, de privilèges que la masse n'était pas admise à revendiquer.

A ces différentes époques la distinction, non-seulement avait sa raison d'être, mais elle s'imposait même : c'était dans bien des cas, une mesure de sécurité que les nations

---

(1) Les isotéles et les métèques étaient les étrangers qui avaient obtenu, par l'effet d'un traité ou d'un décret populaire, la concession de tout ou partie des droits civils sur le territoire de la République. Cette concession était beaucoup plus large au profit des premiers qui acquéraient parfois la jouissance intégrale du droit de cité.

(2) De bonne heure, le législateur romain avait compris que le plus sûr moyen d'assurer le développement de l'Empire était d'associer à sa fortune les peuples vaincus en leur concédant des droits et des avantages, destinés à compenser leurs libertés perdues. Mais le traitement ne fut pas le même pour tous. Parmi les cités italiennes, les unes avaient reçu le droit de cité dans toute sa plénitude ; d'autres, au contraire, n'étaient admises, *jure latii*, qu'à la jouissance de certains droits civils déterminés sur le sol romain.

(3) Indépendamment des *Lettres de naturalité* qui conféraient à l'aubain la jouissance de tous les droits civils reconnus aux Français de naissance, d'autres *Lettres — Lettres de déclaration de naturalité —* accordaient à certains aubains des privilèges spéciaux.

devaient se garder de négliger. La concession d'un traitement de faveur était d'ailleurs un moyen de gagner des citoyens, des sujets qui, à l'occasion, pouvaient être utiles.

Aujourd'hui les distinctions entre étrangers, les différences de traitements, l'exclusion, au détriment des uns, d'avantages conférés aux autres, ne se justifient plus. A les bien considérer, elles sont une cause de troubles permanents, de difficultés incessantes entre les nations qui en bénéficient et celles dont la situation est inférieure, entraînant alors des représailles fatales aux unes et aux autres. En droit, aucun argument ne milite en leur faveur. Si la juxtaposition, dans un même Etat, de l'élément civilisé et de l'élément non civilisé a pu autoriser autrefois les faveurs au profit du premier, les privilèges exclusifs à l'heure actuelle n'ont plus de raison d'être. « Il y a parité de « situation entre les résidents des divers pays séjournant « sur un même territoire. Toutes différences gardées quant « aux mœurs et au tempérament national, les individus « étrangers ayant telle origine valent *en droit* les individus « ressortissant d'un autre Etat. Quand le souverain qui « les a tous sous sa protection, accorde une faveur à ces « derniers, il ne saurait décemment la refuser aux « autres (1). »

Nous croyons qu'il y a mieux qu'une question de convenances et qu'il y va de l'intérêt même des nations, de renoncer tout à fait à ces inégalités qui ne se justifient pas plus entre étrangers qu'entre nationaux. La conception moderne tend d'ailleurs à égaliser la condition de tous les étrangers.

La clause de la nation la plus favorisée est un agent puissant pour ce nivellement international. Aussi forme-

---

(1) THALLER, *Les Compagnies d'assurances et le gouvernement d'Alsace-Lorraine*, p. 39.

t-elle l'accessoire ou plutôt le complément des dispositions de presque tous les traités généraux ou spéciaux : traités de commerce, de navigation, d'établissement, conventions consulaires, traités pour la protection littéraire, artistique et industrielle, etc.

Nous verrons que la clause de la nation la plus favorisée a son application dans les matières les plus diverses. Sans doute elle prend une importance particulière quand elle vise les rapports économiques des nations, et de fait, c'est principalement dans les traités de commerce qu'on la rencontre, mais elle n'est pas limitée à ces conventions. Elle peut s'étendre à toute faveur, à tout privilège, à toute amélioration quelconque dont bénéficierait éventuellement un Etat tiers ou ses nationaux. Que la stipulation relève du droit public ou du droit privé, peu importe! Les tarifs douaniers, la condition des agents diplomatiques et consulaires, le droit de pêche et de navigation, de cabotage, la condition juridique de l'individu en pays étranger, tous ses droits privés (droit de séjour, d'établissement, de propriété immobilière et mobilière sous toutes ses formes), ses obligations (taxes exigées, enrôlement dans les troupes du pays où il réside (1), déclarations, etc.) peuvent être indistinctement touchés par la clause de la nation la plus favorisée.

Quelle est l'origine de cette clause?

---

(1) Une telle stipulation paraîtrait étrange entre puissances européennes chez qui le service militaire est un privilège réservé aux seuls citoyens de l'Etat. Les Républiques américaines en ont à plusieurs reprises fait une charge exigée des étrangers résidant sur leurs territoires. A la suite d'abus fréquents, quelques puissances européennes ont cru devoir introduire dans leurs traités avec les Etats d'Amérique, une clause spécifiant que leurs nationaux ne seraient pas enrôlés de force dans les troupes du pays où ils résident (traités allemand et italo-colombiens de 1846 et 1853). Le bénéfice de cette stipulation peut être acquis aux nationaux des puissances qui auront expressément formulé à leur profit la clause de la nation la plus favorisée, par exemple aux Français (traité franco-colombien du 6 mars 1892).

Il serait difficile d'assigner une date exacte à l'apparition de la modalité qui, sous le nom de clause de la nation la plus favorisée, affecte aujourd'hui tous les traités. Ce qui est certain, c'est que le système des concessions, communes à toutes les grandes nations, d'avantages accordés à l'une d'elles a fait son apparition de bonne heure.

Jusqu'au XVIIᵉ siècle, cette clause n'eut pas les mêmes caractères et ne produisit pas les mêmes effets que la stipulation moderne. Et si les anciens traités, les conventions et Capitulations antérieures au XVIIᵉ siècle renfermaient l'engagement de faire bénéficier les contractants du traitement de la nation la plus favorisée, cet engagement ne visait alors que les avantages existant au moment du traité; il n'avait pas la portée générale de celui souscrit de nos jours. Le bénéfice des avantages présents seuls était garanti. La clause de la nation la plus favorisée n'était alors, pourrait-on dire, qu'une formule commode, pour éviter dans chaque traité l'énumération des privilèges contenus dans les traités antérieurs, et que les contractants voulaient se concéder. Si donc l'un des contractants accordait ultérieurement de nouveaux avantages à une tierce nation, son co-contractant, bien que titulaire de la clause de la nation la plus favorisée, devait, pour en bénéficier, obtenir un arrangement nouveau, ou du moins une stipulation supplémentaire.

C'est dans la seconde moitié du XVIIᵉ siècle et surtout au XVIIIᵉ siècle, qu'apparut la clause avec les caractères qu'elle a et les effets qu'elle produit dans les traités actuels. En rompant avec l'ancienne pratique, on sentit la nécessité de bien stipuler que la clause visait *toutes les libertés et immunités, tous avantages et privilèges* QUI ONT ÉTÉ OU SERONT DANS L'AVENIR ACCORDÉS A LA NATION LA PLUS FAVORISÉE (1). Le traité de paix entre la France et le Maroc

_____

(1) Traité anglo-espagnol de 1713. Cpr. les dispositions des traités franco-

du 28 mai 1767, après avoir établi que les marchands français pourront vendre et acheter dans toute l'étendue de l'Empire du Maroc comme les marchands de la nation la plus favorisée, ajoute : « Et si Notre Seigneur a la bonté « d'accorder à une nation d'entre les chrétiennes une dimi- « nution de quelque chose des droits d'entrée et de sortie, « les Français seront compris. » On s'exprimait alors très explicitement, beaucoup plus explicitement même qu'on ne le fait aujourd'hui que la pratique est désormais fixée.

On pourrait trouver, croyons-nous, dans des accords très antérieurs aux époques auxquelles nous avons fait allusion, mais sous une forme particulière, toute primitive et un peu détournée, la stipulation originaire du traitement de la nation la plus favorisée.

D'anciens documents remontant aux xiie et xiiie siècles, émanant de princes arabes, admettent dans l'Afrique septentrionale les sujets de cités maritimes françaises et espagnoles—Marseille, Montpellier, Barcelone notamment — au traitement privilégié concédé aux villes italiennes, à Venise d'abord, puis successivement à Pise, Gênes, Ancône et Amalfi.

De très bonne heure les Vénitiens étaient entrés en relations avec les Arabes ; ils en avaient obtenu des privilèges exclusifs, très importants pour l'époque, relatifs non-seulement à leur commerce, à leurs biens, mais à leurs personnes et à leur sécurité privée. Aux avantages douaniers, les premiers en date, inutiles si la sécurité des personnes n'était pas garantie, étaient venus s'ajouter des privilèges ayant un caractère réel. Les Vénitiens se firent

portugais de 1641 ; entre la France et les Villes Hanséatiques du 1er avril 1769 ; d'Utrecht du 11 avril 1713 ; franco-persan du 13 août 1715 ; franco-espagnol du 13 juin 1721 ; franco-danois des 23 août 1742 et 30 novembre 1749 ; anglo-turc de 1675, etc., etc. Voyez ces textes aux *Recueils* de D'HAUTE-RIVE et DE CUSSY, de DE CLERCQ et au *Corps diplomatique* de DUMONT.

concéder dans les villes où ils s'établissaient, une rue, parfois un quartier (fondouk), suivant l'importance de leur colonie. Cette concession entraînait d'autres faveurs : le droit de s'administrer par un fonctionnaire national ayant sur eux tous les droits de souveraineté et notamment le pouvoir judiciaire. Les marchands vénitiens formaient ainsi dans les divers ports et Echelles du Levant de petites corporations vivant dans un quartier isolé sous le régime de la personnalité des lois et l'autorité d'un des leurs, généralement élu par eux, le consul, qui tranchait les contestations pouvant s'élever entre eux.

De 1133 à 1138, Gênes, Ancône, Pise et Amalfi s'entendirent avec les princes arabes pour confirmer à leur profit les privilèges dont avaient joui, jusque-là à titre exclusif, les Vénitiens. Quand elles furent placées sur le même pied d'égalité, chacune des cités voulut alors s'assurer un traitement privilégié. En 1160, Gênes obtenait d'importantes réductions des droits de douane sur ses importations dans le Magreb (partie de l'Afrique septentrionale occupée par les Arabes); aussitôt Pise, Venise, Ancône, Amalfi se faisaient admettre aux mêmes privilèges et cherchaient à en obtenir de supérieurs. Des concessions nouvelles étaient-elles faites à l'une d'elles, visant la liberté des personnes, le droit d'établissement ou toute autre matière, chacune des autres voulait à l'envi se faire consentir quelque nouvel avantage qui la mît dans une situation privilégiée par rapport à ses rivales (1). Aussi, quand les cités provençales et espagnoles de la Méditerranée entrèrent à leur tour en relations avec les Arabes, eurent-elles soin de se faire

_____

(1) Il y avait là quelque chose d'analogue à ce qui se passe à l'heure actuelle en Chine, à ce qu'on a appelé la politique des concessions successives. Chaque puissance européenne, dès qu'un avantage (entrepôt de charbons, concession d'établissement exclusif, concession de lignes de chemin de fer, etc.), est concédé à l'une d'elles, en réclame un supérieur. C'est une véritable course aux privilèges.

garantir le traitement de la cité privilégiée, pour être toujours sur le pied d'égalité avec celle des cités la plus avantagée sans avoir pour cela à revenir constamment sur les conventions qu'elles avaient conclues (1).

Il en fut de même dans l'Empire Grec. A la fin du XIᵉ siècle, les marchands vénitiens y jouissaient de privilèges considérables. Comme prix de ses services, Venise avait vu exempter son commerce du paiement de lourds impôts et soustraire ses nationaux à la juridiction des magistrats grecs. En 1155, les Gênois qui avaient, eux aussi, su se rendre utiles aux Comnènes, obtinrent les mêmes privilèges. Quelque temps après, les Pisans, ayant secondé Alexis Comnène dans la répression d'une rébellion des princes d'Antioche se firent assurer des privilèges à Constantinople. Un diplôme du monarque grec leur accorda la liberté du commerce dans ses Etats, le droit d'y vivre selon leurs propres lois et celui d'avoir leurs magistrats nationaux. Ces concessions excédant celles faites aux Vénitiens, la jalousie de ceux-ci en fut éveillée. Aussi, craignant d'être, à un moment quelconque, moins bien traités que les citoyens d'une des cités, leurs rivales, se firent-ils garantir en bloc toutes les faveurs que pourraient éventuellement obtenir l'une d'elles.

A la suite des Croisades, toutes les villes chrétiennes de la Méditerranée, Venise, Gênes, Pise, Florence, Barcelone, etc., demandèrent aux princes français vainqueurs en Orient, des faveurs pour leurs citoyens qui les avaient secondés dans la lutte contre les Turcs, soit en combattant à leurs côtés, soit en prêtant leurs vaisseaux pour le transport des Croisés. Des chartes particulières, sanctionnées le plus souvent par le Chef de l'Eglise, furent octroyées; elles concédaient à leurs titulaires, dans les villes où la Croix

---

(1) DE MAS-LATRIE, *Traités de paix et de commerce et documents divers concernant les relations des Chrétiens avec les Arabes de l'Afrique septentrionale.*

avait remplacé le croissant, d'importants privilèges, des franchises de droits, des quartiers séparés où s'établissaient exclusivement les colons occidentaux, et l'autorisation pour ces derniers de se faire rendre la justice au civil et au criminel par leurs propres consuls. Chacune des cités privilégiées rivalise pour obtenir un maximum d'avantages, si bien qu'elles arrivent à faire stipuler à leur profit qu'elles jouiront toujours des avantages qui seraient par la suite accordés à l'une d'elles (1).

Quand la Terre Sainte tomba au pouvoir des Musulmans, la même politique se poursuivit, s'accentuant même. Dans les Capitulations, la clause de la nation la plus favorisée est déjà plus nettement exprimée ; elle est le fond de toutes les conventions entre la Porte et les puissances occidentales.

Les premières Capitulations sont octroyées aux Vénitiens, Gênois, Pisans et Florentins (2), puis aux Français qui se font consentir le traitement vénitien, alors le plus favorable (3). La France fut longtemps la nation privilégiée, jouissant d'avantages importants concédés exclusivement à

---

(1) CHARRIÈRE, *Négociations de la France dans le Levant.* — DEPPING, *Histoire du commerce entre le Levant et l'Europe, depuis les Croisades jusqu'à la fondation des colonies d'Amérique.* Tome II, ch. VIII et IX.

(2) La Capitulation du 10 décembre 1488, octroyée à la République de Florence garantit que « personne ne fera la moindre insulte aux navires florentins qui aborderont les ports et les plages du domaine musulman, ils pourront partir et s'approvisionner librement, sans surcharges, pourvu qu'ils paient les droits de port, conformément à l'usage et aux privilèges des Vénitiens. »

(3) En 1569, Charles IX obtenait du sultan Sélim III, l'assurance du traitement vénitien. L'article 16 du traité signé à Constantinople par l'entremise du sieur Claude Dubourg, ambassadeur auprès de la Sublime Porte, portait : « Voulons aussi que toutes les choses contenues et écrites en la nôtre Très Haute Capitulation accordée et baillée aux Vénitiens, qu'elles soient et demeurent encore certifiées en faveur des Français, et que contre notre Puissance, Raison et Très Haute Capitulation nul ne l'empêche et ne donne moleste. »

elle (1). Mais, dans la suite, en se prévalant toujours de son titre de protectrice des chrétiens, et s'érigeant en juge des dommages causés par les mulsumans, la France déplut à la Porte qui, après avoir souvent refusé à l'Angleterre le traitement français, l'étendit à cette Puissance d'abord, et successivement aux Provinces-Unies, à l'Espagne, au Portugal, à l'Autriche-Hongrie, etc., leur garantissant en outre les mêmes droits, faveurs, privilèges et avantages que ceux accordés à la nation la plus favorisée.

On a prétendu trouver l'origine de la clause de la nation la plus favorisée dans les Capitulations. Mais, cette stipulation leur est très antérieure, puisqu'on la rencontre dans les accords entre les Arabes, l'Empire Grec ou les princes du royaume de Jérusalem d'une part, et les cités et nations occidentales.

A vrai dire, cette clause a pris une très grosse importance avec les Capitulations. Les nations européennes, dans leurs arrangements avec la Porte, ont la préoccupation constante de s'en faire assurer le bénéfice, pour ne se trouver jamais en état d'infériorité avec l'une de leurs rivales.

Les Capitulations se sont de tout temps référées aux objets les plus divers. On y trouve pêle-mêle et sans aucun ordre des stipulations relatives aux tarifs douaniers, des clauses visant les droits des consuls et de leurs nationaux, (admission des étrangers, sécurité des personnes et liberté des transactions, juridiction des consuls, liberté du culte, propriété d'églises, de cimetières, de fondouks, exemption

---

(1) Par le traité de 1535 (l'an 941 de l'hégire), entre François Ier et Soliman II, la France supplantait les cités et républiques italiennes ; elle recueillait à Constantinople l'héritage politique et judiciaire qu'avaient conquis depuis des siècles les Vénitiens et les Gênois, et accaparait le monopole non pas seulement du commerce, mais de la protection des occidentaux venant séjourner en territoire ottoman.

des taxes exigées de l'étranger, etc.), enfin des dispositions qui nous paraissent aujourd'hui puériles, comme le nombre de coups de canon qui accueilleront les bâtiments étrangers, le cérémonial extraordinaire pour la réception des ambassadeurs et agents diplomatiques, etc., etc. Sur aucun de ces points, une Puissance n'aurait accepté d'être moins bien traitée que les autres : aussi le traitement de la nation la plus favorisée est-il presque toujours stipulé sans limitation, ni restriction aucune, englobant ainsi toutes les dispositions et clauses quelconques de Capitulations antérieures.

Les Capitulations souscrites successivement par la Porte, à la France en 1535, 1581, 1604, 1607, 1673, à l'Angleterre en 1580, 1606, 1625 et 1675, aux Provinces-Unies en 1612, à l'Autriche-Hongrie en 1612 et 1617 visent tous les objets que nous venons de signaler (1).

La Capitulation française de 1740 fond et amalgame en quelque sorte toutes les dispositions précédentes, et stipule d'une manière formelle et très générale la clause de la nation la plus favorisée. L'article 83 porte : « Comme l'amitié de la Cour de France avec ma Sublime Porte est plus ancienne que celle des autres Cours, Nous ordonnons, pour qu'il soit traité avec Elle de la manière la plus digne, que les privilèges et les honneurs pratiqués envers les autres nations franques aient aussi lieu à l'égard des sujets de l'Empereur de France. »

Ainsi la clause de la nation la plus favorisée, insérée d'abord dans les Capitulations d'une manière indirecte et spéciale, devient au XVIIIe siècle la stipulation que nous rencontrons aujourd'hui dans tous les traités. A cette

---

(1) Voy. ces textes. DUMONT, *Corps diplomatique VI et VII*. MINISTÈRE DES AFFAIRES ÉTRANGÈRES. *Archives* 1621-1677.

Consulter FÉRAUD-GIRAUD. — *De la juridiction française dans les Echelles du Levant et de la Barbarie*, I, 29.

époque, elle avait cependant encore son caractère primitif de clause s'appliquant à toutes stipulations du droit public comme du droit privé. Depuis le commencement du siècle, il n'en est plus de même. Les traités auxquels la Porte souscrit ont un objet spécial et bien déterminé, visant tantôt les relations commerciales et économiques, tantôt la condition et l'établissement des étrangers en pays ottomans.

La clause de la nation la plus favorisée, dans un traité relatif à une matière déterminée, n'autorise donc plus le pays titulaire à se prévaloir d'une manière générale de tous les privilèges accordés ou à accorder à une autre nation, de quelque nature qu'ils soient. Aujourd'hui les relations avec la Turquie tendent à devenir des relations ordinaires de peuple à peuple et empruntent à ces relations internationales leurs caractères et leurs conséquences. C'est assez dire que l'extension de la clause de la nation la plus favorisée concédée par la Porte, en matière douanière, à la condition des personnes et à l'établissement des étrangers en Turquie, serait aussi blâmable que l'extension inconsidérée de la clause concédée par un autre pays dans des conditions et pour des matières déterminées.

CHAPITRE II

Formes de la clause. Ses effets : champ d'application

La clause de la nation la plus favorisée forme, avons-nous dit, le complément des dispositions d'un grand nombre de traités généraux ou spéciaux, à tel point même qu'il ne se passe plus aucune convention, qu'il ne se conclut plus d'accords internationaux sans qu'elle y figure.

Les parties contractantes veulent assurer à leurs nationaux en toute matière, — qu'il s'agisse de droits publics ou de droits privés, — le traitement le plus favorable qui soit.

Cette stipulation, qui a pour but de mettre dans un pays tous les étrangers sur un pied d'égalité, de briser toutes distinctions entre nationaux des divers Etats, est un facteur, non le moindre, de la bonne harmonie qui doit régner entre les nations, et contribuer à leur prospérité tant intérieure qu'extérieure. L'effet général de la clause de la nation la plus favorisée est de procurer au pays, au profit duquel elle a été stipulée, tous les avantages concédés à une tierce nation (1). Ainsi le pays A et le pays B ont conclu un traité sur des bases déterminées, en y introduisant aussi la stipulation réciproque du traitement de la nation la plus favorisée. Quelque temps après, le pays B par exemple, conclut avec une tierce nation, le pays C, un traité plus favorable que ne l'était le premier; le pays A profitera des nouvelles faveurs stipulées et ses nationaux seront désormais admis par le pays B aux mêmes droits que le pays C.

----

(1) Il faut observer que la clause de la nation la plus favorisée ne garantit que les avantages consentis aux étrangers; elle ne saurait en aucun cas s'étendre à ceux dont bénéficient les nationaux. Un gouvernement est toujours libre de favoriser ses nationaux, sans avoir à se préoccuper des conséquences qu'auront vis-à-vis des étrangers les mesures prises dans ce but.

On rencontre dans un grand nombre de traités récents la stipulation du traitement national. Il est alors superflu, pour le pays qui l'obtient, de s'assurer celui de la nation la plus favorisée; car à notre époque, les nationaux d'un Etat civilisé jouissent toujours de privilèges exclusifs, refusés en tout ou en partie, aux étrangers. La clause qui garantit au stipulant les mêmes droits qu'aux nationaux, lui assure la condition la meilleure, le maximum de faveur qui soit dans l'Etat.

Les contractants occidentaux s'assuraient pourtant autrefois dans leurs relations avec la Turquie et les Etats Barbaresques, outre les droits reconnus aux nationaux, ceux concédés aux ressortissants de la nation la plus favorisée. Certains étrangers étaient en effet mieux traités dans ces pays que les nationaux eux-mêmes. C'est ce qui explique cette stipulation, étrange au moins à première vue.

Il va sans dire que le pays A, dans notre hypothèse, bénéficiera de toutes les améliorations, quelle qu'en soit la source, traité, loi, décret ou mesure administrative quelconque, et pourra se prévaloir de tout avantage accordé aux nationaux d'un tiers pays, en l'espèce aux nationaux du pays C. Les termes dans lesquels est stipulée la clause de la nation la plus favorisée ne font jamais allusion aux sources d'où découlent les avantages dont elle assure au concessionnaire la jouissance éventuelle. Et, bien que la formule ordinaire ne soit pas toujours aussi explicite que celle de l'art. 6 du traité franco-suisse du 23 février 1882 relatif à l'établissement des Français en Suisse et des Suisses en France (1), il n'y a pas lieu de faire une distinction que ne consacrent pas formellement les termes des traités. Quelle qu'elle soit, la formule équivaut à celle-ci : Chacune des deux parties contractantes s'engage à faire profiter l'autre de tout privilège, faveur ou avantage accordé , d'une manière quelconque, à une autre puissance. L'esprit même de la clause est de préserver d'une manière très large, générale, chacun des contractants contre toute situation privilégiée accordée à une tierce nation. Toute la question est de savoir s'il y a ou non concession faite à un Etat aux dépens d'autres nations.

---

(1) « Tout avantage que l'une des H. P. C. aurait concédé, ou pourrait encore concéder à l'avenir, *d'une manière quelconque*, à une autre Puissance, en ce qui concerne l'établissement des citoyens... sera applicable à l'autre partie... » DE CLERCQ, Recueil. XIII p. 294.

Cpr. le traité de paix et de défense mutuelle entre la France, l'Espagne et la Grande-Bretagne, conclu à Séville, le 9 novembre 1729, auquel a accédé la Hollande par un traité séparé, signé à Madrid, le 21 novembre.

« S'il arrivait que Sa Majesté Catholique jugeât à propos d'accorder pour le présent ou à l'avenir, *publiquement ou par quelques conventions secrètes*, quelques droits ou prérogatives à quelque Puissance que ce soit, les mêmes droits ou prérogatives seront immédiatement accordés aux sujets de leurs Hautes Puissances, qui seront traités en tout comme la nation la plus favorisée... » d'HAUTERIVE et de CUSSY, Recueil I, p. 374.

La même interprétation s'impose quand on veut déterminer les avantages dont peut bénéficier le concessionnaire de la clause de la nation la plus favorisée. Celle-ci non seulement garantit les avantages concédés antérieurement au traité, mais elle assure encore ceux qui seraient reconnus à une tierce nation dans l'avenir.

Il n'en était pas de même, nous l'avons vu, avant le XVIIe siècle où la stipulation ne valait que pour les avantages existant, au profit des tiers, au moment du traité. La clause n'assurait pas indifféremment tous les avantages présents et futurs. Elle ne visait que les avantages présents, de telle sorte que, si l'un des contractants accordait postérieurement à une tierce nation de nouveaux avantages, pour en réclamer le bénéfice, son co-contractant devait obtenir une stipulation supplémentaire.

Aujourd'hui, les traités ne sont pas également explicites à ce sujet. Tous ne sont pas rédigés de façon à ne laisser aucun doute sur les concessions futures. S'il en est dont les termes sont formels, d'autres, plus rares, paraissent ne pas envisager les avantages à venir. Parmi les premiers nous citerons : le Pacte de famille du 15 août 1761, art. 25 ; le Traité de paix franco-ottoman du 25 juin 1802, art. 9 ; le Traité de paix du 30 mai 1814 entre la France et l'Autriche, l'Angleterre, la Russie, la Prusse, art. 12 ; la Convention consulaire franco-brésilienne du 21 août 1828, art. 4 ; la Convention littéraire franco-belge du 1er mai 1861, art. 1 *in fine ;* le Traité de commerce conclu entre la France et le Zollverein, le 2 août 1862, art. 3 ; le Traité de commerce franco-ottoman du 25 novembre 1838, art. 1 *in fine ;* le Traité d'amitié, de commerce et de navigation conclu entre la France et la Chine, art. 9 ; le Traité de commerce franco-belge du 21 octobre 1881, art. 25 ; la Convention littéraire franco-belge du 31 octobre 1881, art. 4 ; les deux Traités franco-suisses du 23 février 1882, l'un réglant les relations internationales d'échange des deux pays, art. 24, l'autre relatif à l'établissement des Français en Suisse et des Suisses en France, art. 6 ; la Convention franco-suisse du même jour, pour la garantie réciproque de la propriété littéraire et artistique, art. 14 ; le Traité de commerce franco-mexicain du 27 novembre 1886, art. 14, etc., et surtout le Traité de commerce franco-italien du 3 novembre 1881, art. 1er, dont les termes étendus à tous les traités n'auraient laissé place à aucune discussion : « Chacune des deux Hautes Parties Contractantes s'engage à faire profiter l'autre de toutes faveurs, de tous privilèges... que l'une d'elles a accordés ou pourrait accorder à une tierce Puissance (1). »

Il est regrettable que les négociateurs n'aient pas toujours fait des déclarations aussi nettes, non pas que nous ayons jamais douté de la pensée qui les a dirigés et qu'ils ont voulu exprimer, mais ils auraient ainsi coupé court à toute difficulté.

La Convention de commerce franco-autrichienne du 18 février 1884 manque de cette clarté. L'article 1er porte : « Les Hautes Parties Contractantes se garantissent réciproquement le traitement de la nation la plus favorisée, tant pour l'importation, l'exportation, le transit, et en général tout ce qui concerne les opérations commerciales, que pour l'exercice du commerce ou des industries, et pour le paiement des taxes qui s'y rapportent (2) ».

On s'est donc parfois demandé si la condition d'être traité comme la nation la plus favorisée ne portait que sur les avantages existants au moment de la signature de la convention, ou bien si elle comprenait aussi ceux qui seraient concédés postérieurement à un autre Etat.

---

(1) Voyez tous ces textes dans les *Recueils* de DE CLERCQ, et de D'HAUTERIVE et DE CUSSY.

(2) Cpr. le Traité de Campo-Formio du 17 octobre 1797, art. 15 ; le Traité de commerce franco-autrichien du 7 novembre 1881, art. 1.

Hautefeuille (1) estime que la stipulation doit être considérée au moment même où elle a été consentie, qu'elle
s'applique à tout ce qui existait à ce moment, mais qu'elle
ne saurait s'étendre à ce qui pourra survenir plus tard.
C'est la conception ancienne que partagent d'ailleurs quelques auteurs modernes. M. Pradier-Fodéré trouve dans les
énonciations mêmes de la plupart des traités la confirmation de cette manière de voir. « On voit figurer dans les
« traités, à côté de la clause de la nation la plus favorisée,
« des articles où il est stipulé expressément que les parties
« contractantes n'accorderont à d'autres Etats aucune
« faveur particulière sans qu'elle devienne immédiatement
« commune à l'une ou à l'autre des parties. Pourquoi
« ajouter cette disposition, visant l'avenir, à la clause de
« la nation la plus favorisée, si cette dernière ne doit pas
« se rapporter exclusivement au présent. Pourquoi entrer
« dans le détail si, pour prévenir les inégalités de traite-
« ment qui pourraient surgir, il suffisait de stipuler qu'on
« sera traité comme la nation étrangère la plus favo-
« risée (2) ? »

Nous croyons au contraire qu'il n'y a aucune distinction à établir, estimant que c'est à l'esprit des traités qu'il
faut se référer, plutôt qu'à leur texte équivoque. Or, ce
qu'un pays veut obtenir en stipulant à son profit la clause
de la nation la plus favorisée, c'est l'égalité de traitement
avec les pays étrangers et tous les pays étrangers, quels
qu'ils soient, et quel que soit aussi le moment où l'un d'eux
entrera en possession d'un avantage. Restreindre l'application de la clause de la nation la plus favorisée aux avantages
concédés antérieurement au traité, ce serait rendre cette

_____

(1) HAUTEFEUILLE. *Histoire des origines du progrès et des variations du Droit
maritime international*, VI, I, § 3.
(2) PRADIER-FODÉRÉ. *Traité de Droit international public*, IV, p. 392 et suiv.

stipulation platonique, purement illusoire et dénuée de tout effet. Il y a lieu de remarquer que la question n'a jamais été discutée dans la pratique, ce qui confirmerait notre opinion.

La clause de la nation la plus favorisée est le plus souvent stipulée sans restriction. Sa formule est générale et très compréhensive. « Chacune des deux Hautes Parties Contractantes s'engage à faire profiter l'autre, immédiatement et sans compensation, de toute faveur, de tout privilège, qu'une d'elles a accordés ou pourrait accorder à une tierce puissance. » Chacun des contractants acquiert donc respectivement la jouissance de tous les avantages que son co-contractant concède à un tiers pays, et cela de plein droit, par le seul jeu de la clause, sans qu'il y ait besoin de faire aucune notification ou de requérir une autorisation quelconque.

Mais il va de soi, au cas où les avantages auraient été accordés à un tiers pays sous conditions, en échange de certaines compensations, en un mot, à titre onéreux, que le titulaire de la clause ne pourrait s'en prévaloir sans remplir lui-même ces conditions ou fournir des compensations identiques ou équivalentes à celles exigées du tiers pays. L'acquisition de l'avantage concédé à une tierce nation dépend alors d'une contre-prestation à fournir par le bénéficiaire de la clause de la nation la plus favorisée.

En fait, ces restrictions, dont les anciens traités de commerce offraient souvent l'exemple, sont fort rares aujourd'hui. Fréquemment insérées dans les traités antérieurs à 1800, elles sont l'exception de nos jours.

L'article 4 de la Convention provisoire et additionnelle de commerce et de navigation conclue à Paris, le 9 février 1842, entre la France et le Danemark portait : « En tout ce qui concerne les droits de douane ou de navigation, les deux Hautes Parties Contractantes se promettent réciproquement de n'accorder aucune faveur, privilège ou immunité à un autre Etat, qu'il ne soit aussi et à l'instant étendu à leurs sujets respectifs, gratuitement, si la concession en faveur de l'autre Etat a été gratuite, et en donnant la même compensation ou l'équivalant, si la concession a été conditionnelle. » Le traité de commerce franco-danois du 25 juillet 1840 contenait la même disposition et se terminait par ces mots : « ..... auquel cas l'équivalent fera l'objet d'une convention spéciale entre les deux Hautes Parties Contractantes. » Il était aisé de prévoir que l'entente, pour fixer cet équivalent, serait toujours difficile. Aussi est-ce vraisemblablement à cause des difficultés auxquelles donnerait naissance la fixation des compensations et des équivalents que la clause conditionnelle de la nation la plus favorisée a été abandonnée. Un exemple nous en est toutefois offert dans une convention relativement récente; c'est d'ailleurs le seul qui soit à enregistrer dans les traités conclus depuis 1860 par une nation européenne. Dans la Convention additionnelle au traité de commerce du 31 mars 1880 entre l'Allemagne et la Chine, l'Allemagne s'oblige, pour le cas où le gouvernement chinois ferait à une nation quelque concession en matière de commerce et de navigation, « si cette concession était soumise à des conditions particulières, à les remplir elle-même avant de réclamer le bénéfice de la concession. »

De ce que le traitement de la nation la plus favorisée est ordinairement stipulé sans restriction, il ne s'ensuit pas que les traités doivent nécessairement tous le concéder d'une manière aussi large. Des limitations sont parfois apportées : l'accord fait ici la loi des parties.

Quand la stipulation est pure et simple, elle embrasse indistinctement les avantages, faveurs et améliorations quelconques accordés à tout pays tiers et à ses nationaux. Mais les contractants sont libres de restreindre la portée de la stipulation par telles réserves qu'il leur conviendra. Elles peuvent exclure du droit conféré par la clause, soit toutes les concessions qui seraient éventuellement faites à un pays déterminé, soit certains avantages seulement. Toutefois, les restrictions et limitations quelconques seront formellement stipulées : elles feront l'objet de déclarations expresses.

Pour déterminer la portée de la clause de la nation la plus favorisée, son étendue, il faudra, par conséquent, se référer aux termes mêmes des traités qui la concèdent.

Dans les Capitulations et les traités conclus entre la Porte ou quelque autre pays barbare et les nations occidentales, des restrictions de ce genre étaient fréquemment apportées. Et la France pendant de longues années bénéficia ainsi d'un traitement exceptionnel de faveur : les Capitulations accordées par les sultans à l'Angleterre, à l'Autriche, etc., en stipulant le traitement de la nation la plus favorisée réservaient le traitement français (1). La restriction ne visait pas seulement les tarifs de faveur dont bénéficiaient les produits français, mais — ce qui était plus important à l'époque — les droits privés des nationaux français.

Aujourd'hui les restrictions touchent rarement aux droits privés, elles sont faites seulement pour les avantages douaniers qui seraient accordés à certaines nations ou pour ceux dont bénéficient certaines marchandises.

La Convention de commerce, signée à Paris, le 7 novembre 1881, entre la France et l'Autriche-Hongrie, après avoir stipulé au profit des deux parties contractantes le traitement de la nation la plus favorisée dans son article 1er ajoute dans son art. 3 : « Il est entendu que le bénéfice de l'article 1er de la présente Convention ne s'étend pas au régime des sucres. » Cette réserve fut insérée sur la demande du gouvernement français — comme en témoigne

_____

(1) Voyez quelques-unes de ces Capitulations dans le *Recueil des traités de la Porte ottomane avec les puissances étrangères*, du baron I. DE TESTA.

l'exposé présenté aux Chambres le 11 novembre suivant — en raison des primes que la législation austro-hongroise accordait aux exportateurs de ce produit.

De même, la déclaration franco-roumaine du 29 juin 1886 contient une *annexe* qui énonce toute une série de produits auxquels la clause de la nation la plus favorisée ne s'appliquera pas. En 1882, la Roumanie, dont la politique douanière avait été jusque là nettement libre-échangiste, opéra une brusque volte-face et résolut de suivre le mouvement protectionniste dans lequel s'étaient successivement jetés, depuis 1878, tous les Etats de l'Europe continentale. Mais elle était paralysée par ses traités antérieurs dont quelques-uns ne venaient à échéance qu'en 1887 et 1890. Elle entama donc des négociations ayant pour objet la modification partielle de ses tarifs, avec les puissances auxquelles elle se trouvait liée, notamment avec l'Angleterre et l'Autriche-Hongrie. L'entente aboutit à force de persévérance. A la fin de 1886, la Roumanie avait terminé la revision de ses traités et obtenu des nations avec lesquelles elle en avait conclu, que toute une longue liste d'articles — ceux-là même qu'elle voulait protéger — inscrits dans ses tarifs conventionnels, fussent restitués à son tarif général et échappassent ainsi à l'application de la clause de la nation la plus favorisée.

Des restrictions, moins étroites pourtant que celles présentées par les anciennes Capitulations, mais visant aussi tous les avantages *in genere* concédés à un pays, sont offertes par quelques traités récents. On exclut de l'application de la clause, les avantages dont pourrait éventuellement bénéficier un ou plusieurs pays déterminés. Il en est ainsi dans les traités conclus par le Portugal, qui, par égard pour son ancienne colonie de l'Amérique du Sud, entend faire jouir le Brésil d'un traitement tout spécial, dont les pays auxquels il concède la clause de la nation la plus favorisée ne sont pas admis à se prévaloir. Dans tous ses traités, le Portugal (1) insère une disposition identique à celle de l'art. 6 § 2 du traité franco-portugais du 19 décembre 1881 : « Toutefois, il est fait réserve, au profit du Portugal, du droit de concéder au Brésil seulement, des avantages particuliers qui ne pourront pas être réclamés par la France comme une conséquence de son droit au traitement de la nation la plus favorisée. »

D'autres fois enfin, la restriction, au lieu d'être générale, insérée dans tous les traités indistinctement que conclut une nation, comme fait le Portugal, est inscrite, seulement dans certains traités.

Mais nous verrons que sa portée est rendue illusoire par le jeu même de la clause de la nation la plus favorisée. La Turquie a, dans quelques-uns de ses traités, stipulé que les faveurs, privilèges et immunités concédés aux Persans ne pourraient pas être revendiqués par les titulaires de la clause de la nation la plus favorisée (2).

La disposition restrictive la plus caractéristique est celle de l'art. 11 du traité de Francfort. Après avoir déclaré que les relations d'échange entre les deux pays seraient établies sur le pied du traitement de la nation la plus favorisée, cet acte dispose : « Toutefois seront exceptées de la règle susdite les faveurs qu'une des Parties Contractantes, par des traités de commerce, a accordées ou accordera à des Etats autres que ceux qui suivent : l'Angleterre, la Belgique, les Pays-Bas, la Suisse, la Russie, l'Autriche-Hongrie. » Si donc la France accordait à l'Espagne, par exemple, un

---

(1) Il faut remarquer que le Brésil agit de même vis à vis du Portugal. Cpr. l'art. 6 du traité austro-brésilien du 17 juin 1827 : « Il est convenu qu'en parlant de la nation la plus favorisée du Brésil, la nation portugaise ne devra pas servir de terme de comparaison, même quand elle viendrait à être privilégiée au Brésil... » *Recueil de traités* de D'HAUTERIVE et de CUSSY. IV, p. 53.

(2) Voyez notamment la Convention serbo-turque de 1888 au *Recueil* du BARON I. DE TESTA.

avantage quelconque, l'Allemagne ne serait pas admise
à se prévaloir de son droit au traitement de la nation la
plus favorisée pour le revendiquer; et réciproquement, si
l'Allemagne concédait quelque faveur à une nation non
mentionnée dans le paragraphe 3 de l'article 11.

Cette limitation de l'art. 11 n'a, hâtons-nous de le dire,
aucune portée. Le seul jeu des traités la détruit. En effet
admettons un instant que l'Allemagne, qui a concédé à
l'Angleterre le traitement de la nation la plus favorisée,
accorde un privilège à l'Espagne. La France en est exclue
de par le paragraphe 3 de l'art. 11, et pourtant elle en profitera. Le privilège concédé à l'Espagne est acquis de plein
droit à l'Angleterre, titulaire de la clause: or la France
ne devant, en aucun cas, être traitée moins bien que
l'Angleterre bénéficiera elle même du traitement espagnol
que la clause de la nation la plus favorisée a concédé à
l'Angleterre. La France jouit du traitement espagnol, non
parce qu'il est accordé à l'Espagne, mais parce qu'il profite
à l'Angleterre. C'est assez dire que la restriction contenue
dans le traité de Francfort n'a aucune valeur, condamnée
qu'elle est à toujours demeurer lettre morte.

Le 7 décembre 1891, le Reichstag était saisi d'un projet
de traité de commerce avec l'Italie. Quelques membres
firent observer que l'Allemagne devait très minutieusement peser les concessions offertes à l'Italie, car les exportateurs français ne manqueraient pas de les réclamer.
Ainsi le commerce français profiterait de l'abaissement de
20 °/₀ qu'allait obtenir l'Italie pour ses vins. « Oui, l'Italie
« n'est pas comprise dans la nomenclature des pays dont
« le traitement est applicable à la France; mais il n'im-
« porte. L'Autriche-Hongrie et la Suisse, en vertu de la
« clause de la nation la plus favorisée participant aux
« faveurs concédées à l'Italie, les Français réclameront
« l'application de nouveaux tarifs, non parce que l'Italie
« les a obtenus, mais parce que l'Autriche et la Suisse en
« jouissent. »

Le même sort est réservé aux restrictions que nous avons signalées dans quelques-uns des traités conclus par la Turquie. Sans doute, la Serbie, titulaire de la clause de la nation la plus favorisée est exclue des avantages concédés à la Perse par la Convention serbo-turque de 1888; mais que la Turquie accorde à un seul pays tiers la clause de la nation la plus favorisée, sans y insérer la restriction relative au traitement de la Perse, le traitement persan bénéficiant à ce pays profitera indirectement aussi à la Serbie, puisqu'elle est admise au traitement de ce tiers pays.

Il en est autrement d'une restriction insérée dans tous les traités que passe un pays, comme le fait le Portugal au profit du Brésil. En pratiquant le système de l'exclusion générale avec *tous* les pays qui traitent avec lui, le Portugal assure à son ancienne colonie américaine, et à elle seule, un traitement différentiel dont demeurent exclus tous ses contractants.

Nous mentionnerons encore un exemple de limitation indirectement apportée à l'application de la clause de la nation la plus favorisée. Elle est curieuse et mérite à ce titre d'être rappelée.

L'Allemagne et l'Espagne avaient, en 1883, conclu un traité de commerce, dont l'article 9 contenait la stipulation réciproque de la nation la plus favorisée. Les négociations étaient terminées, quand le gouvernement espagnol mit à son consentement définitif une condition relative aux alcools allemands, qu'il ne voulait considérer comme marchandises allemandes qu'autant que des certificats attesteraient leur fabrication en Allemagne et avec l'alcool brut allemand. A défaut de ces conditions, les alcools expédiés d'Allemagne ne bénéficieraient pas du traitement accordé aux marchandises allemandes et, par suite, des droits concédés à la nation la plus favorisée. Le gouvernement allemand essaya d'abord d'obtenir du gouvernement espagnol la renonciation à une clause dont il redoutait, à juste titre, les conséquences. Ne pouvant y parvenir, il demanda que la même stipulation fut désormais insérée dans tous les traités que concluerait l'Espagne. Celle-ci ne voulut prendre aucun engagement à ce sujet. Et, de fait, jamais disposition analogue ne fut introduite dans les traités qu'elle signa. Ses co-contractants, titulaires de la clause de la nation la plus favorisée, jouirent donc de la faculté d'importer chez elle aux droits les plus réduits des alcools de toute nature, même fabriqués avec des alcools bruts étrangers. L'Allemagne fut ainsi placée dans un état d'infériorité vis-à-vis des autres nations, son droit au traitement de la nation la plus favorisée en Espagne ayant été indirectement limité par une disposition qui en elle même n'aurait pas entraîné de telles conséquences, si l'Espagne l'avait généralisée et introduite dans tous ses traités (1).

La clause de la nation la plus favorisée est généralement stipulée sous réserve de réciprocité. C'est, de la part de chacune des parties contractantes, une préoccupation identique et bien légitime, de vouloir que ses nationaux bénéficient du même traitement que tous autres étrangers, qu'il s'agisse des droits privés, visant plus spécialement l'individu, ou des tarifs moyennant lesquels leurs marchandises seront admises sur leur marché respectif. Dans cette seconde matière surtout, il y va de l'intérêt de chacun de stipuler la clause, car toutes les nations sont également intéressées au développement de leur commerce d'exportation. Il n'y a d'ailleurs à la règle de la réciprocité que de très rares exceptions. Elles sont présentées aujourd'hui par les seuls traités de commerce que passent

---

(1) MELLE dans le *Manuel* d'HOLTZENDORFF (III, *die Staatsverträge*, § 49, *die Meistbegünstigungsclausel*).

deux nations, de civilisation ou de développement économique très inégal, dont l'une n'ayant pas un commerce extérieur important, ne se soucie pas d'étendre son trafic et n'éprouve pas le besoin de se mettre à l'abri d'un traitement différentiel défavorable.

Le traité d'amitié, de commerce et de navigation, conclu à Tien-Tsin le 27 juin 1858, entre la France et la Chine, offre dans ses articles 2 et 9 deux exemples de stipulation unilatérale de la clause de la nation la plus favorisée. L'art. 2 vise le traitement des agents diplomatiques : « Il est convenu entre les Hautes Parties Contractantes que, si l'une des Puissances qui ont un traité avec la Chine, obtenait, pour ses agents diplomatiques, le droit de résider à poste fixe à Pékin, la France jouirait immédiatement du même droit. » La stipulation ne pouvait être qu'unilatérale ; mais l'art. 9 relatif aux droits de douane est plus caractéristique : « Tous les changements apportés d'un commun accord avec l'une des Puissances signataires de traités avec la Chine, au sujet des améliorations à introduire au tarif actuellement en vigueur, ou à celui qui le serait plus tard, comme aussi aux droits de douane, de tonnage, d'importation, de transit et d'exportation, seront immédiatement applicables au commerce et aux négociants français par le seul fait de leur application. »

Tout récemment le traité de Shimoneséki du 26 juillet 1896, qui mit fin à la guerre sino-japonaise, stipulait le traitement de la nation la plus favorisée au profit des seuls Japonais. Les articles 4, 6 et 7 leur donnent le droit d'habiter, de s'établir et de commercer dans les villes ouvertes par la Chine aux étrangers, le droit d'acheter ou de louer des terrains avec les privilèges de la nation la plus favorisée. Aucun droit analogue n'est concédé aux sujets chinois résidant au Japon. De même les articles 8 et 9 stipulent, pour le commerce des Japonais en Chine, le traitement de la nation la plus favorisée sans qu'aucun avantage équivalent ne soit en retour accordé à la Chine (1).

Si la stipulation unilatérale de la clause de la nation la plus favorisée est rare aujourd'hui, il n'en fut pas toujours ainsi ; elle était la règle courante dans les anciennes Capitulations. Les nations occidentales se faisaient concéder pour leurs consuls et leurs nationaux les privilèges et avantages accordés à la nation la plus favorisée sans qu'aucune stipulation réciproque n'intervînt au profit des pays ottomans ou barbaresques qui leur avaient consenti ce traitement de faveur. Ainsi le traité d'amitié et de commerce du 13 août 1715 entre la France et la Perse, le traité de paix et de commerce du 28 mai 1767 entre la France et le Maroc, la convention de Raguse du 2 avril 1776, et plus généralement toutes les Capitulations antérieures à 1800 ne contiennent que la stipulation unilatérale du traitement de la nation la plus favorisée. La première convention, passée avec une Puissance ottomane par une nation occidentale, qui contienne la règle de la réciprocité, est le traité de paix signé à Paris le 25 juin 1802 entre la France et la Porte-Ottomane, dont l'art. 9 est ainsi conçu : « Comme la République Française et la Sublime Porte ont voulu se mettre, par le présent traité, l'un dans les Etats de l'autre, dans l'état de la Puissance la plus favorisée, il est expressément entendu qu'Elles s'accordent, de part et d'autre, dans les deux Etats, tous les avantages déjà accordés ou à accorder

---

(1) Il est très piquant de voir le Japon traiter le Céleste Empire ainsi que le traitent les Occidentaux, comme un pays à Capitulations, c'est-à-dire en pays encore à demi-barbare, et stipuler pour ses nationaux en Chine des privilèges dont, à force de persévérance, il a obtenu, entre 1894 et 1897, l'abolition sur son propre territoire. Les Japonais, en effet — les termes du traité de Shimonoséki ne permettent pas d'en douter — en se faisant concéder le traitement de la nation la plus favorisée, ont droit, à l'exemple des Occidentaux, à leurs propres juridictions et au bénéfice d'exterritorialité.

à d'autres puissances, comme si lesdits avantages étaient stipulés mot à mot dans le présent traité. »

Mais il ne faut pas se méprendre. Quand il y a stipulation de réciprocité, les deux parties ne sont pas nécessairement pour cela dans une situation égale. Deux pays peuvent s'être concédés le traitement de la nation la plus favorisée, et leur situation différer au point de vue de leur liberté d'action respective, si des engagements, contractés avant le traité, lient l'un d'eux envers d'autres nations.

Cette inégalité de situation se fait particulièrement sentir en matière économique et commerciale. La clause laisse bien, en principe, chacun des contractants libre d'élever ou de modifier à sa guise ses tarifs, mais il se peut que des conventions antérieures paralysent ou anéantissent même la liberté d'action de l'un des contractants, tandis que l'autre conservera la sienne dans son intégrité. Ainsi, nous verrons qu'il a suffi, en 1882, que la France ait contracté avec des puissances tierces (Italie, Belgique, Portugal, etc.), des traités avec tarifs, pour qu'elle fût dans l'impossibilité d'élever ses droits d'entrée à l'égard de l'Allemagne, à qui elle n'était pourtant liée que par la clause de la nation la plus favorisée, alors que celle-ci, ayant dénoncé en 1878 tous ses traités à tarifs, se refusait à en consentir de nouveaux (1).

Par sa nature même, la clause de la nation la plus favorisée peut s'appliquer à toutes les stipulations ; elle peut s'étendre à toutes concessions, quelles qu'elles soient, faites dans un traité. Elle vise généralement les droits d'entrée, de sortie, de transit, de navigation, en un mot, tous

---

(1) VEILCOVITCH. Thèse, Paris 1892, chap. VIII.

Les traités, auxquels l'Allemagne dut souscrire dans la suite, ne contenant qu'un nombre très restreint d'articles, la laissaient parfaitement maîtresse de ses tarifs et libre de se cantonner dans une politique d'étroit protectionnisme.

les droits compris sous la dénomination de droits de douane ; elle est bien, en fait, la disposition principale de tous les traités de commerce. Mais son application n'est pas restreinte à ces accords économiques. Les droits des personnes, le traitement et la condition juridique des individus, des agents diplomatiques et consulaires, la propriété littéraire, artistique et industrielle, etc., toute stipulation peut entrer dans son champ d'application qui est d'une étendue générale.

Ce champ d'application sera déterminé, et par la nature du traité dans lequel figure la clause de la nation la plus favorisée (traité de commerce, de navigation, convention relative à la propriété littéraire et artistique, traité visant la condition juridique des individus, le traitement des étrangers, etc.), et par les termes mêmes dans lesquels elle est stipulée.

Disons, dès maintenant, que l'interprétation de la clause de la nation la plus favorisée doit être faite, comme en tout contrat, *bonæ fidei*. L'extension aux droits de l'individu d'une stipulation qui, dans l'esprit de ses auteurs, visait seulement le traitement économique des contractants, et, inversement, l'extension en matière douanière de dispositions relatives à la condition des personnes, sont également inadmissibles. Des contestations fréquentes se sont élevées sur l'interprétation à donner à certaines dispositions, nous les signalerons au cours de notre étude.

Dans les Capitulations qui renferment indistinctement et pêle-mêle, peut-on dire, toutes sortes de dispositions relatives aux tarifs douaniers, aux droits de l'individu, à la protection consulaire, au traitement des consuls et agents diplomatiques, l'insertion de la clause de la nation la plus favorisée donne, à la puissance qui en est titulaire, le droit de se prévaloir de tout avantage, privilège ou amélioration quelconque qui surviendra dans l'une de ces matières.

La clause de la nation la plus favorisée est généralement consentie par traité. Parfois cependant, on la trouve consignée dans une disposition législative. Comme exemple encore récent de concession législative de la clause, nous citerons la loi du 27 janvier 1882 sur le régime douanier applicable aux produits anglais à leur entrée en France. L'article Iᵉʳ de cette loi porte : « A partir de la promulgation de la présente loi, les marchandises d'origine ou de manufacture anglaise seront soumises, à leur entrée en France, au même traitement que celles des nations les plus favorisées ».

Entre les deux concessions, l'une résultant de l'accord international, l'autre, de la simple loi, la différence est profonde et les conséquences très variables pour les parties, suivant que l'un ou l'autre mode est employé. La première est durable, immuable : une nouvelle entente seule permet de s'y soustraire. Il y a engagement ferme qui ne vient à échéance qu'à l'époque fixée. En un mot, l'une des deux parties n'a pas le pouvoir de le modifier sans le consentement de l'autre. La seconde, au contraire, est une concession bénévole, susceptible d'être retirée à tout moment et à tout propos : c'est une disposition gracieuse que le concédant est libre de modifier, voire de retirer à son gré.

On sent toute l'importance qu'il y a pour les Etats qui s'assurent le traitement de la nation la plus favorisée de préparer minutieusement, de bien étudier leurs traités avant de s'engager définitivement. Ils doivent chercher à lire dans l'avenir les conséquences qu'aura leur engagement, car les liens qui en résultent, s'ils peuvent être bienfaisants et avoir une influence heureuse, peuvent être aussi désastreux et très onéreux.

DEUXIÈME PARTIE

APPLICATIONS DE LA CLAUSE

TITRE I

QUESTIONS DOUANIÈRES

CHAPITRE PREMIER

Les tarifs douaniers et la clause de la nation la plus favorisée

Les rapports internationaux d'échanges peuvent être réglés de trois manières différentes :

1° en vertu d'actes législatifs autonomes, — l'Etat fixant dans sa pleine indépendance politique les droits à percevoir à l'importation des marchandises, les conditions auxquelles ses marchés recevront les produits étrangers (système des tarifs légaux, autonomes) ;

2° par voie diplomatique, après entente entre deux ou plusieurs Etats (système des tarifs conventionnels, des traités de commerce) ;

3° par la combinaison des deux moyens précédents. La loi des douanes détermine la limite des concessions à faire aux autres pays en retour d'avantages équivalents ; elle contient dans ce but un double tarif, l'un maximum, l'autre minimum (système du double tarif avec traités complémentaires) (1). C'est, nous le verrons, le régime douanier français depuis 1892.

Quelle sera l'influence de la clause de la nation la plus favorisée sur chacun de ces systèmes?

I. — *Système des tarifs légaux, autonomes*

De ce qu'un Etat établit par une loi un tarif général, il ne s'ensuit pas nécessairement que cet Etat écarte de prime abord le régime conventionnel : c'est une nécessité pour toute nation d'avoir un ou plusieurs tarifs généraux.

En effet, certains pays peuvent se refuser à la conclusion de traités de commerce — hypothèse rare, presque invraisemblable à notre époque, mais qu'il faut pourtant prévoir — : les bases des relations d'échanges se trouveront alors dans la loi générale.

Mais, en admettant même qu'il y ait des conventions, qu'aucun pays ne se refuse à conclure des traités de commerce, ces conventions, ces traités ne sont, généralement du moins, pas conclus pour une très longue période. A l'échéance, quel sera le régime provisoire qui permettra d'attendre l'accord nouveau? Une loi générale de douanes, un tarif légal s'impose encore.

Cette loi formera-t-elle l'unique régime des échanges avec les autres pays? C'est ici qu'apparaissent les divergences d'opinions. Certains économistes préconisent le système du tarif général exclusif qui, n'enchainant pas la liberté de l'Etat, se prête à des remaniements partiels et permet de demander aux douanes, le cas échéant, des suppléments de revenus.

Nous réprouvons ce système. Sans doute, en 1872 (2), la

---

(1) CAUWÈS, *Cours d'économie politique* II, p. 539.

(2) La loi du 26 juillet 1872 établissait une surtaxe d'entrée sur certaines matières premières. Elle n'a jamais pu être appliquée, les taxes qu'elle con-

France s'est trouvée paralysée par ses traités avec les différentes nations, sans doute elle a dû renoncer à établir des surtaxes d'entrée pour subvenir aux dépenses nouvelles occasionnées par la guerre ; nous estimons toutefois que l'avantage passager, transitoire, offert à cette époque par un tarif général exclusif aurait été primé dans la suite par les inconvénients permanents d'une loi unilatérale, permettant au législateur de procéder inconsidérément aux revisions et rectifications de droits, selon son bon plaisir, souvent aussi selon son intérêt particulier.

Nous n'insisterons pas davantage sur ce système qui ne comporte pas l'application de la clause de la nation la plus favorisée. Si nous lui avons consacré quelques lignes, c'est que nous jugions utile de donner des différents régimes internationaux d'échange, une vue générale, complète.

II. — *Système des tarifs conventionnels, des traités de commerce*

Les traités de commerce sont des arrangements diplomatiques déterminant les conditions dans lesquelles se feront les échanges entre deux Etats. « Ils ont pour objet de con-« cilier les intérêts respectifs des Etats dans leurs relations « de production et d'échange. Ils sont une transaction « entre ces intérêts, quand ces intérêts ne s'accordent pas, « une fusion de ces intérêts, quand ces intérêts sont identiques (1). »

Leurs stipulations varient à l'infini, et se réfèrent aux objets les plus divers : droits d'entrée et de sortie, transit, admissions temporaires, prohibitions, échange et circula-

tenait portant sur des articles des tarifs conventionnels alors encore en vigueur, et à la modification desquels les Etats étrangers ne voulaient pas consentir.

(1) Funck-Brentano et Sorrel, *Précis de droit des gens*, 2me édition, I, viii.

tion des valeurs mobilières ; situation juridique et traitement des agents diplomatiques et de leurs nationaux en territoire étranger, conditions de navigation maritime, fluviale, etc.

Les traités de commerce sont des accords synallagmatiques, et, comme tels, les clauses qu'ils renferment, s'imposent à l'observation réciproque des parties avec autant de force, aussi impérieusement que les clauses d'un contrat civil aux particuliers qui l'ont souscrit. Et les parties contractantes du droit des gens ne peuvent se soustraire à leurs engagements sans manquer, non pas à cette courtoisie internationale à laquelle on a parfois fait appel pour régler des conflits de peu d'importance, mais à la loyauté contractuelle, à la parole donnée.

Quelque lourdes donc que soient les charges imposées, quelque abusives que paraissent dans la suite les conditions souscrites, les parties sont respectivement liées par la ratification donnée à l'acte public par les pouvoirs compétents. Seul, un nouvel accord, précédé de nouvelles négociations, permettra de revenir sur les conditions antérieurement passées, et de faire subir aux clauses anciennes, telles modifications que les parties jugeront devoir y apporter, — modifications nécessitées par les transformations économiques et sociales des Etats.

Malgré ces difficultés, les conditions d'échange sont plus favorables avec ce système qu'elles ne l'étaient avec un tarif général exclusif. Les traités présentent en effet « l'avantage de donner de la stabilité pendant un certain « temps aux conditions du commerce international, en « les soustrayant aux caprices des majorités parlementaires(1) ».

---

(1) Léon Say et J. Chailley, *Nouveau dictionnaire d'écon. polit.* v° traités de commerce.

Cette stabilité est un impérieux besoin pour l'industrie, surtout dans le commerce international. Les entreprises de quelque importance et à longue échéance veulent être assurées que les conditions dans lesquelles elles ont été commencées, et dans lesquelles elles comptaient s'effectuer, ne seront pas arbitrairement changées du jour au lendemain par simple vote législatif. « Il ne faut pas que la « grande industrie qui fabrique pour l'étranger soit déçue « dans ses calculs par les vicissitudes imprévues de la « politique douanière; or, le revers de l'indépendance « nationale que donne le système autonome, c'est la « faculté réciproque pour les puissances étrangères de « modifier leurs tarifs (1) ».

La stabilité joue dans les prévisions commerciales un rôle si considérable qu'on préfère généralement, dans la grande industrie surtout, un traité de commerce, même à un tarif légal moins élevé, mais dont la fixité ne serait pas garantie.

Il y a plus. Les traités de commerce, négociés différemment avec telle ou telle puissance, peuvent tenir compte des différences économiques qui existent entre les divers peuples. Ils permettent des combinaisons variées et sont un moyen d'assouplir les systèmes douaniers, en les pliant aux circonstances. Le tarif général exclusif, au contraire, établit un régime uniforme. Il ne peut être par conséquent, que l'expression approximative et imparfaite du degré de protection générale qu'on reconnaît devoir accorder aux industries nationales : or, les mesures de protection doivent varier selon la force économique des industries rivales.

Le second avantage des traités de commerce est donc

---

(1) Cauwès, *Cours d'Economie politique*. 3ᵐᵉ édition II. p. 542.

leur élasticité qui rend possible l'application de tarifs variés suivant les pays (1).

Enfin, les traités de commerce — et c'est une des grandes préoccupations des contractants — permettent d'égaliser les conditions économiques des Etats qui s'efforcent de rendre strictement équivalentes leurs concessions réciproques.

Ce sont ces divers avantages qui, bien avant 1860, avaient séduit les libre-échangistes (2), et qui ont ensuite déter-

_____

(1) On a fait, à l'établissement de tarifs conventionnels variés, une objection spécieuse, en s'appuyant sur les fraudes inévitables résultant de la dénationalisation des produits.

Voici en quoi consiste cette fraude. Si, pour un article, le fer par exemple, notre tarif frappe plus lourdement les importations d'Amérique que celles de Belgique, les aciéries américaines s'entendront avec des commissionnaires belges pour faire entrer en France leurs produits comme produits belges.

L'Italie, en 1888, a abusé de ce système. Après la dénonciation du traité qui la liait à la France, une loi du 27 février 1888, restée en vigueur jusqu'aux tarifs nouveaux du 1er février 1892, établit un tarif spécial visant les importations d'origine italienne. Or, comme ce tarif était très élevé, l'Italie nous réexpédiait ses vins de Barcelone, sous le couvert de nos traités avec l'Espagne.

Il y a là, sans doute, un réel danger, surtout si cette pratique se généralisait. Mais est-il impossible d'y parer? Nous ne le croyons pas. Par divers moyens, — expertises, production de certificats de provenance, — il serait facile d'enrayer la fraude.

(2) Il ne faut rien exagérer pourtant. Les partisans du libre-échange absolu parlent assez dédaigneusement des traités de commerce. Pour J.-B. Say, Bastiat, Léon Say, tous libre-échangistes intransigeants, les traités de commerce sont un procédé protectionniste.

« Les traités de commerce, dit Bastiat, ont toujours été contraires aux saines doctrines, parce qu'ils reposent tous sur cette idée que l'importation est funeste en soi. »

J.-B. Say, bien avant lui, s'était exprimé dans les mêmes termes : « Les traités de commerce sont basés sur l'opinion erronée de deux gouvernements qui se persuadent qu'ils font tort à leur pays en admettant les produits l'un de l'autre. Ils croient perdre par leurs importations, tandis que les importations leur procurent nécessairement les exportations, et au total, un accroissement d'industrie. »

D'autres au contraire voient, avec justesse selon nous, dans le libre échange

miné, Cobden en Angleterre, Michel Chevallier en France,
à engager leurs pays dans la voie des traités de commerce.
Les arguments en faveur des traités paraissaient tout à
fait décisifs.

Malheureusement, ces avantages théoriques ont été pratiquement neutralisés par l'insertion, dans les traités, de la
clause de la nation la plus favorisée.

La coutume s'est établie de stipuler que chacun des Etats
contractants jouira des avantages qui seront accordés à
d'autres Etats. Et on a dit (1) que cette stipulation était
une conséquence naturelle des faits desquels résultent les
traités de commerce. « Les Etats qui négocient ces traités
« cherchent la conciliation la plus équitable entre leurs
« intérêts ; ils s'arrêtent aux clauses qui leur paraissent les
« plus conformes aux circonstances dans lesquelles ils
« négocient. Si l'un des contractants accorde à un autre
« Etat des avantages particuliers, il ne le fait qu'au détri-
« ment de l'autre contractant, et celui-ci est en droit de
« protester, de déclarer que les conditions du traité sont
« modifiées, que la valeur du traité en est altérée, et que,
« par suite, il a été commis un abus. C'est pour éviter ces
« réclamations et les graves inconvénients qui en résul-
« teraient que les Etats ont adopté l'usage de s'assurer,
« d'avance et réciproquement, tous les avantages que
« chacun pourrait accorder à d'autres Etats. »

Mais nous verrons qu'en voulant éviter ces réclamations,
on fait surgir de graves difficultés.

---

transactionnel, un acheminement à la liberté absolue des échanges. « De
pareilles conventions, dit un ancien ministre des finances, M. de Brouckère,
conduisent à la liberté des échanges qui est notre but. On aura beau se
débattre, cette liberté triomphera comme tant d'autres, des préjugés et des
intérêts égoïstes qui lui font obstacle. » *Dictionnaire de l'économie politique*,
publié sous la direction de MM. Coquelin et Guillaumin. vᵒ *Traités de
commerce*.

(1) Funck-Brentano et Sorrel, *op. cit.*

Le but de la clause de la nation la plus favorisée, introduite dans les traités de commerce, est de faire bénéficier chacun des contractants, en dehors des concessions qui lui ont été expressément consenties dans le traité, de tous autres avantages déjà existants ou pouvant postérieurement exister au profit d'une tierce nation. Cette stipulation assure ainsi aux nationaux du pays bénéficiaire la certitude qu'ils trouveront sur les marchés du concédant les conditions les plus favorables accordées aux importateurs, et les met par conséquent à même de lutter à armes égales contre ces derniers. Si pourtant l'un de ceux-ci parvient à s'emparer du marché, à y acquérir une situation prépondérante, c'est qu'il aura dans les branches d'industries représentées sur le marché une supériorité réelle, incontestable, sur les autres importateurs et sur les nationaux eux-mêmes. Ni les uns, ni les autres ne sauraient dans ce cas attribuer leur insuccès à quelque acte défavorable ou hostile du gouvernement qui leur avait concédé toutes garanties.

C'est donc pour obtenir les conditions les plus avantageuses, et ne point être placés dans une situation d'infériorité vis-à-vis des autres puissances, que les Etats ont adopté l'usage de s'assurer d'avance et réciproquement dans leurs traités de commerce tous les avantages que chacun pourrait accorder aux autres Etats.

Introduite d'abord timidement, comme simple disposition additionnelle, elle est devenue générale aujourd'hui, et figure dans tous les traités de commerce, à peu près comme une clause de style.

Elle est ordinairement conçue en ces termes : *Le commerce des Hautes Parties Contractantes sera traité, sur leurs territoires respectifs, sous le rapport des droits de douane, tant à l'importation qu'à l'exportation, comme celui de la nation étrangère la plus favorisée.*

Les formes de cette stipulation sont très diverses néanmoins.

On trouve des rédactions simples, de portée très générale, par conséquent très compréhensives, comme celle de l'art. 1 de la convention de commerce, signée le 7 novembre 1881 entre la France et l'Autriche-Hongrie : *Les H. P. C. se garantissent réciproquement le traitement de la nation la plus favorisée, tant pour l'importation, l'exportation, le transit, et en général tout ce qui concerne les opérations commerciales, que pour l'exercice du commerce et des industries, et pour le paiement des taxes qui s'y rapportent.*

D'autres renferment les mêmes règles dans des formes différentes et un peu plus compliquées. Ainsi l'art. 14 du traité franco-mexicain du 27 novembre 1886 porte : *Les deux H. P. C. s'engagent réciproquement à n'accorder aux sujets d'aucune autre puissance, en matière de commerce et de navigation, aucun privilège, aucune faveur ou immunité quelconque, sans les étendre pendant la durée desdites concessions, au commerce et à la navigation de l'autre partie ; et elles jouiront réciproquement de tous les privilèges, immunités et faveurs qui ont été ou seront accordés à toute autre nation.*

L'art. 17 du traité de commerce conclu le 3 novembre 1881, entre la France et l'Italie présente une variante résultant de l'existence d'un tarif conventionnel annexé à l'acte : *Chacune des deux H. P. C. s'engage à faire profiter l'autre de toute faveur, de tout privilège ou abaissement dans les tarifs des droits à l'importation ou à l'exportation des articles mentionnés ou non dans le présent traité, que l'une d'elles a accordés ou pourrait accorder à l'autre.*

Comme les traités de commerce ne s'occupent pas seulement des droits de douane, et que leurs dispositions touchent encore à la liberté de commercer, à la navigation, aux franchises, immunités et privilèges quelconques des agents diplomatiques et consulaires, des sujets de toutes classes, des marchandises de l'un des deux Etats contractants, consentis ou à consentir, etc., elle peut être rédigée de différentes autres manières.

L'art. 1 de la convention conclue le 28 février 1882, entre la France et la Grande-Bretagne présente un mélange de dispositions visant ces divers objets : *Les tarifs des douanes, pour les marchandises ou produits manufacturés de France et d'Algérie à leur importation dans le Royaume-Uni, et pour les marchandises ou produits manufacturés du Royaume-Uni, à leur importation en France et en Algérie, devant demeurer réglés par la législation intérieure de chacun des deux Etats, les H. P. C. se garantissent réciproquement en France ainsi qu'en Algérie, et dans le Royaume-Uni, le traitement de la nation la plus favorisée en toute autre matière.*

Il est aussi entendu que, sous réserves de l'exception ci-dessus établie, chacune des H. P. C. s'engage à faire profiter l'autre, immédiatement et sans condition, de toute faveur, immunité ou privilège en matière de commerce et d'industrie, qui aurait pu ou pourrait être concédé par une des Parties Contractantes à une tierce Puissance en Europe ou hors d'Europe.

Il est également entendu, qu'en tout ce qui concerne le transit, l'emmagasinage, l'exportation, la réexportation, les taxes locales, le courtage, les formalités de douane, les échantillons, et également en toute matière concernant l'exercice du commerce ou de l'industrie, ainsi que la résidence temporaire ou permanente, l'exercice d'un métier ou profession, le paiement des taxes ou autres impôts, la jouissance de tous les droits et privilèges légaux comprenant le droit d'acquérir, de posséder, et la libre disposition de la propriété, les ressortissants britanniques en France ou en Algérie, et les ressortissants français dans le Royaume-Uni, jouiront du traitement de la nation la plus favorisée.

Quelquefois, avons-nous dit précédemment, le traitement de la nation la plus favorisée est stipulé sous la réserve suivante : *Les H. P. C. s'obligent à n'accorder aux sujets ou citoyens d'aucune autre Puissance, en matière de commerce ou de navigation, aucune faveur ou immunité, sans les étendre en même temps au commerce et à la navigation de l'autre pays, gratuitement si la concession a été gratuite, et en offrant les mêmes compensations si la concession a été faite conditionnellement* (1). Presque tous les traités conclus avec les Républiques américaines dans la première moitié de ce siècle contiennent sous cette forme la clause de la nation la plus favorisée. L'usage paraît prévaloir depuis d'accorder le traitement de la nation la plus favorisée sans restriction.

Quels que soient les termes employés pour formuler cette stipulation, son but est toujours celui-ci :

    Obtenir un traitement au moins égal à celui qui est accordé aux autres peuples faisant le commerce ;

    N'être soumis à aucuns droits autres ou plus forts que ceux imposés à la nation qui paie le moins ;

    Faire accorder à ses nationaux les mêmes avantages, immunités et privilèges, que ceux reconnus au profit des nationaux des autres Etats.

Cette clause, qui n'est pas un corollaire nécessaire des tarifs conventionnels, et que les usages diplomatiques ont cependant rendue inséparable du régime conventionnel, a provoqué de très justes protestations.

Elle est, en effet, contraire à la nature même des traités, à la stabilité et à la réciprocité des conventions.

« Il est bien inutile de peser dans les négociations les
« avantages réciproques, si l'équilibre doit être presque
« aussitôt détruit par une convention parallèle. Si l'on ne
« tient pas compte, dans un traité, de la situation parti-
« culière des contractants, de leurs forces respectives, des
« ressources dont ils disposent, du degré de faveur qu'on
« peut leur accorder sur le marché national, le régime des

---

(1) Traité signé le 16 mai 1832 entre les Etats-Unis et le Chili. *Supplément au Recueil des principaux traités*, G. F. DE MARTENS et F. MURHARD, XV, p. 438.

« traités n'est plus qu'un tarif général incessamment
« remanié, sans les avantages de contrôle et d'indépen-
« dance que garantit le vote régulier d'une loi de doua-
« nes (1) ».

C'est parce que l'application générale de cette clause a
produit bien des surprises, en élargissant outre mesure,
sans transition, mécaniquement pour ainsi dire, les effets
de telle ou telle concession faite utilement à un pays déterminé, mais dangereuse lorsqu'elle est étendue à un autre
Etat organisé de façon différente, que les corps délibérants
(Chambres de commerce, Chambres consultatives d'agriculture, des arts et manufactures, syndicats, etc.), consultés par les pouvoirs publics, se sont, en grand nombre,
prononcés contre son insertion dans les traités de commerce
dont elle fausse absolument le sens et la portée.

Et d'abord, avons-nous dit, elle est contraire à la nature
même des traités de commerce.

En effet, le traité de commerce est une entente synallag-
matique, un contrat bilatéral, par conséquent spécial et
restreint aux parties qui l'ont discuté et signé. Or, la
clause de la nation la plus favorisée a pour effet d'en
étendre le bénéfice à d'autres pays sans discussion
préalable.

Aussi avec quelle prudence doivent agir les négociateurs!

La France, par exemple, conclut avec l'Angleterre, pays
à production industrielle prépondérante, un traité conçu
de façon à ménager les intérêts français vis-à-vis de la
concurrence formidable des principales industries britanniques. Après de longues et laborieuses discussions, après
de mutuelles concessions, les délégués des deux pays se

---

(1) CAUWÈS, *op. cit.*, II. p. 545, qui reproduit ici l'enquête du CONSEIL
SUPÉRIEUR DU COMMERCE, DE L'AGRICULTURE ET DE L'INDUSTRIE. Examen
des tarifs de douane. *Annexes au rapport du ministre : Analyse des réponses
des Chambres de commerce.* Paris 1876.

sont entendus, les conditions ayant paru avantageuses de part et d'autre. Au lieu de s'en tenir là, et sous prétexte d'égaliser la concurrence, on introduit dans la convention la clause de la nation la plus favorisée. Quelque temps après, la France signe avec la Turquie, pays à production naturelle prépondérante, un second traité qui n'établit aucune restriction vis-à-vis des produits fabriqués, puisque la Turquie n'a pas d'industrie. Que va-t-il en résulter? Un droit pour l'Angleterre de réclamer le même tarif.

Enoncer ce fait, c'est en montrer le danger. C'est indiquer en outre l'imprudence commise, en concédant à l'Allemagne, en 1871, et par traité perpétuel, la clause de la nation la plus favorisée. A l'heure actuelle, nous ne pouvons plus accorder de réductions de tarifs sans que la production allemande en profite.

L'introduction de la clause de la nation la plus favorisée dans les traités de commerce devient alors un obstacle aux mesures libérales et utiles. Il est arrivé très souvent, ces dernières années, qu'une puissance a dû, dans la négociation d'un traité, se refuser à des concessions qui en auraient assuré la conclusion et qui ne lui auraient pas causé un sensible préjudice, parce que, étendues en vertu de la clause et sans nulle compensation à une série d'autres pays, elles devenaient désastreuses pour l'industrie nationale.

On a même préféré repousser des propositions avantageuses pour ne pas étendre le bénéfice de certaines concessions nouvelles aux nations bénéficiaires de la clause. Ainsi, en 1877, l'Allemagne refusa de consentir à l'Autriche, un abaissement de droits sur les vins, parce que la France aurait profité de la concession, et que, sans craindre la concession autrichienne, elle redoutait fortement celle de la France.

De même, en 1867, les Chambres de commerce françaises, celle de Lille notamment, avaient refusé d'accéder à une proposition libérale du gouvernement, ayant pour objet de diminuer les droits sur de gros cotons filés à la main en Tunisie : l'Angleterre s'en serait prévalu pour les mêmes numéros filés mécaniquement chez elle. Or, si la filature française n'avait pas à redouter la concurrence de la filature à la main tunisienne, elle ne pouvait sans danger affronter celle de la filature mécanique anglaise. La France en pâtit à un double point de vue : elle aurait trouvé en Tunisie la matière première à bon marché ; elle perdait en même temps les avantages que la Tunisie était disposée à lui accorder en échange de la diminution de droits sur ses filés.

Lors du traité du 2 août 1862, entre la France et la Prusse agissant au nom des Etats composant l'Union des douanes allemandes (Zollverein), nous avions admis à un droit minine l'importation de tissus de lin présentant moins de cinq fils de chaîne par centimètre, et qui étaient destinés à faire des toiles d'emballage. La Belgique, invoquant la clause de la nation la plus favorisée, imagina une fabrication, jusqu'alors inconnue, à l'aide de laquelle ces tissus devinrent des toiles ordinaires, propres à plusieurs usages.

A une époque bien antérieure, en 1669, l'Angleterre avait demandé à la France de lui accorder la jouissance du tarif précédent, le tarif de 1664, plus libéral que celui de 1667 auquel elle était soumise, réclamant en outre certains avantages nouveaux pour ses navires. Colbert, entre autres raisons, répondit que cette concession était impossible, parce qu'« elle nécessiterait le Roi de rendre cette grâce « commune aux Espagnols, Suédois, Hollandais et Villes « Hanséatiques. »

Nous avons dû refuser ainsi, et à plusieurs reprises, des satisfactions libérales à certains pays dont nous n'avions rien à redouter, pour ne pas nous découvrir du côté d'autres nations dont la concurrence pouvait être désastreuse pour notre industrie.

Le principal grief, adressé à la clause de la nation la plus favorisée, est l'instabilité qu'elle entraîne nécessairement dans les conventions.

Alors que les spéculations commerciales d'exportation exigent, pour se développer, des bases solides ; que les industriels, après avoir consacré des capitaux souvent considérables à l'amélioration de leur outillage en vue d'une production déterminée, ont besoin d'avoir pour une longue période, des débouchés assurés, dans des conditions identiques, l'insertion de cette clause amène le trouble dans la production, le bouleversement dans les relations internationales d'échange.

Dans son rapport au Président de la République, du 9 février 1876, sur le renouvellement des traités de commerce conclus entre la France et divers Etats, M. Teisserenc de Bort, alors ministre du commerce et de l'agriculture, écrivait très judicieusement :

« Les traités sont pour l'industrie, aussi bien à l'intérieur « qu'au dehors, une garantie de stabilité, et la stabilité est « une condition nécessaire de développement et de progrès. « Il est toutefois, dans la plupart des traités actuels, une « clause contre laquelle les Chambres de commerce élèvent « leurs objections, précisément parce qu'elle compromet « à leurs yeux cette stabilité, principal avantage des arran- « gements internationaux : c'est la clause par laquelle « chaque puissance stipule à son profit le traitement de la « nation la plus favorisée. Grâce à cet arrangement, les « traités successifs ont leur contre-coup sur des pays qui « ne les avait pas débattus ; ils ont pu modifier à certains « égards, les transactions déjà conclues, les relations « établies, et déranger les prévisions commerciales. Or, ce « qui importe avant tout au commerce, ce qu'il attend de « nous en ce moment, on ne saurait trop le répéter, c'est « la fixité du régime économique... En examinant de près « l'opinion des Chambres de commerce, on est amené à

« reconnaître que ce qu'elles redoutent principalement, ce
« sont des traités successifs venant modifier les transac-
« tions antérieures (1). »

Les Chambres de commerce, officiellement consultées,
repoussèrent en effet, pour la plupart, les traités de commerce, alléguant la présence de cette clause, comme le
principal motif de leur répulsion (Tourcoing, Roubaix,
Amiens).

Au questionnaire, qui lui était adressé par les pouvoirs
publics, concernant le renouvellement des traités de commerce, la Chambre de commerce de Roubaix répondait :

« La clause de la nation la plus favorisée est et reste
« une de nos principales objections contre le régime con-
« ventionnel. Plus de stabilité possible, plus de réciprocité
« dans les conventions avec une clause qui, généralisant
« immédiatement chacune des concessions particulières
« faites pour en obtenir une autre, peut, à tout instant,
« détruire par voie de répercussion l'économie des
« traités. »

Parmi les quarante sept Chambres de commerce qui,
moins intransigeantes que celle de Roubaix, se montraient
favorables au renouvellement des traités, presque toutes
mettaient à cela une condition essentielle, la suppression
de la clause du traitement de la nation la plus favorisée,
dont il est impossible, disait-on, de mesurer la portée
éventuelle.

La Commission parlementaire du tarif général des
douanes ne se borna pas aux avis des Chambres de commerce; elle voulut connaître aussi les vœux des branches
diverses de l'industrie française, dont elle entendit les
principaux représentants.

_____

(1) CONSEIL SUPÉRIEUR DU COMMERCE, DE L'AGRICULTURE ET DE L'INDUSTRIE.
Examen des tarifs de douane. Paris 1876.

Ces enquêtes, ces dépositions sont intéressantes à consulter (1) : elles concluent en majorité, au rejet de la clause de la nation la plus favorisée. Nous en citerons quatre des plus caractéristiques.

M. Pouyer-Quertier, président de la Chambre de commerce de Rouen, considère la clause de la nation la plus favorisée comme la condamnation même du régime des traités de commerce. « On avait pensé d'abord, dit-il, que « les traités de commerce offraient plus de sécurité, plus « de stabilité que le tarif général ; mais l'application de « la clause de la nation la plus favorisée qui, nécessaire-« ment, doit être insérée dans tous les traités nous a tous « convaincus que la stabilité des conditions industrielles « n'était pas plus garantie par les traités de commerce que « par le tarif général. Par conséquent, je viens au nom de « la Chambre de commerce de Rouen et au nom de tous « les industriels de Normandie, dont je représente ici les « intérêts, vous demander de la manière la plus formelle, « de vous opposer au système des traités de commerce, et « d'établir le plus tôt possible un tarif général, compensa-« teur, sagement modéré, mais suffisant pour garantir « l'avenir de toutes nos industries. »

Mêmes déclarations de la part du président de la Chambre consultative des arts et manufactures de Mayenne, M. Gustave Denis : « Nos préférences sont pour un tarif « général ; nous croyons que les traités de commerce sont « dangereux. Mais s'il était absolument nécessaire d'en « conclure, nous demanderions que la clause de la nation « la plus favorisée n'y soit pas introduite, parce qu'elle est « la négation des avantages qui peuvent en résulter. »

La déposition d'un des grands représentants de l'indus-

_____

(1) COMMISSION DU TARIF GÉNÉRAL DES DOUANES. *Rapports, enquêtes, dépositions.* Paris, 1878-1880.

trie cotonnière dans l'Est, M. Noblot, est non moins catégorique. « Pour certains esprits, les traités de commerce
« paraissent présenter des avantages au point de vue de la
« stabilité des relations... La stabilité est une cause pri-
« mordiale de sécurité pour le commerce et l'industrie ;
« seule, elle permet les affaires de longue haleine, et on
« avait pensé que les traités de commerce nous procure-
« raient cette stabilité et cette sécurité. Mais on avait
« compté sans la fameuse clause qui avait été introduite
« dans les traités de 1860, relative au traitement de la
« nation la plus favorisée... Si vous accordez dans un traité
« nouveau certains avantages commerciaux à une nation,
« ils sont acquis de plein droit aux autres nations aux-
« quelles des traités antérieurs vous lient. De telle sorte
« qu'un traité ancien avec une nation se trouve modifié
« par la conclusion d'un traité nouveau avec une autre
« nation. En vertu de cette clause, vous avez le contraire
« de la stabilité et pouvez toujours craindre des modifi-
« cations dans les tarifs conventionnels... Les bases sur
« lesquelles s'appuient l'industrie et le commerce sont
« ainsi constamment modifiées. »

M. Paul Schneider, administrateur des houillères de
l'Aveyron, constate le trouble perpétuel que jette la clause
dans cette industrie, obligée de préparer, de longues années
à l'avance, par ses recherches, par ses forages et par un
un puissant outillage, l'exploitation de gîtes souvent éloi-
gnés en profondeur (1).

En 1880, quand cette vaste enquête fut terminée, — elle
n'avait pas duré moins de deux années, — M. Malézieux,
rapporteur général de la Commission chargée d'examiner
le projet de loi relatif à l'établissement du tarif général des
douanes présentait à la Chambre des Députés un ensemble

_____

(1) La métallurgie fait entendre les mêmes plaintes.

d'observations résumant, et les avis des Chambres de
commerce, et les dépositions des témoins appelés devant
la Commission. Nous extrayons de son rapport (1) les
lignes suivantes ayant trait au second grief fait à l'introduction dans les traités de commerce de la clause de la
nation la plus favorisée qui entraîne l'instabilité des relations commerciales.

« Quant à la stabilité, à la sécurité pour l'avenir, qu'on
« invoque comme si nécessaires aux entreprises indus-
« trielles, ainsi qu'aux opérations commerciales, elles ne
« sont pas mieux garanties par les traités de commerce
« que par un tarif général. En effet, au moyen de la clause
« du traitement de la nation la plus favorisée, clause
« nécessaire, que l'on ne peut éviter, qui s'impose au point
« qu'elle est devenue véritablement de style, les articles
« d'un tarif conventionnel se trouvent, à la suite d'un traité
« avec une nation de troisième ordre, modifiés du jour au
« lendemain, plus facilement peut-être, et certainement
« d'une manière plus soudaine, plus imprévue, que ne
« peuvent l'être les chiffres d'un tarif général. Car toute
« modification, même d'un seul chiffre, dans un tarif
« général, exige l'intervention directe, immédiate des deux
« Chambres du Parlement qui examinent, étudient, dis-
« cutent en détail, tandis que pour un traité de commerce,
« l'intervention du Parlement est en quelque sorte indi-
« recte, médiate, incomplète (2). »

En 1889 et 1890, alors qu'approchait l'échéance des

---

(1) COMMISSION GÉNÉRALE DU TARIF DES DOUANES, *Rapport* de M. MALÉZIEUX,
Paris, 1880. — *Journal des Economistes*, février 1880.

(2) Le rapporteur aurait pu ajouter que l'intervention, même restreinte, du
Parlement est complètement paralysée par le simple jeu de la clause de la
nation la plus favorisée, qui modifie les tarifs inscrits dans un traité antérieur, indépendamment des Pouvoirs Publics appelés par la Constitution à
discuter et à ratifier les traités.

traités de commerce conclus pour dix années, en 1881, le ministre du commerce et de l'industrie, de concert avec le Conseil supérieur du commerce, se livra à de nouvelles enquêtes. Des questionnaires furent adressés aux Chambres de commerce qui se partagèrent encore sur l'admission de la clause de la nation la plus favorisée, en cas de renouvellement des traités de commerce, — le plus grand nombre (Alger, Bordeaux, Cette, Lorient, Toulouse, Roubaix, etc.) se déclarant résolument opposées (1).

Et en 1892, M. Jules Roche, ministre du commerce, de l'industrie et des colonies, contestait, dans l'exposé des motifs du projet de loi concernant le tarif des douanes, que le régime des traités de commerce assurât aux producteurs et aux négociants la stabilité dont ils ont besoin pour leurs opérations. « En effet, disait-il, les stipulations d'un « nouveau traité viennent réagir, en vertu de la clause de « la nation la plus favorisée, condition indispensable de « toute convention commerciale, sur celles des traités « antérieurement conclus et détruisent l'équilibre que ces « derniers avaient établi. »

Enfin, — et c'est la troisième objection adressée à la clause de la nation la plus favorisée, — elle détruit la réciprocité des conventions.

Un' groupe de protectionnistes, ardents défenseurs du système des traités différentiels, — système auquel la clause de la nation la plus favorisée est tout à fait hostile, — voudrait voir « cette stipulation surannée, vague et indéfinie, ce reste de barbarie » disparaître à tout jamais des traités (2).

D'après eux, une nation ne doit accorder à une autre

---

(1) MINISTÈRE DU COMMERCE, DE L'INDUSTRIE ET DES COLONIES. *Enquête sur le régime douanier*. Paris 1889-1890.

(2) Société d'économie politique, compte rendu de la séance du 5 novembre. *Economiste Français*, 10 novembre 1877.

que des avantages, dont elle obtient en retour le strict équivalent; chaque concession nouvelle doit être suivie d'une concession correspondante de l'autre partie. Ils font observer que c'est là une règle générale en matière de contrats, et qu'il n'y a aucune raison de s'en départir, quand il s'agit des contrats plus importants qui règlent les relations entre les peuples.

Or, la clause de la nation la plus favorisée fausse l'application de ce principe. Elle met une nation étrangère à même de profiter, sans rien fournir en retour, de toutes les concessions faites ultérieurement à une tierce puissance. Un pays étranger peut ainsi se trouver dans la situation d'un contractant qui a reçu beaucoup plus qu'il n'a donné, résultat contraire à l'équité, et dans le cas particulier de relations internationales, contraire aux intérêts économiques de la nation qui a concédé le bénéfice de la clause.

D'où ils concluent à la nécessité d'écarter, d'abord, des traités, la clause de la nation la plus favorisée, « qui s'y est glissée par une sorte de méfiance », puis d'abandonner les traités généraux pour le système des traités particuliers, fondés non plus sur la réciprocité, mais sur la compensation. La réciprocité consiste à abaisser de part et d'autre les droits sur les produits similaires; mais il est clair que, dans beaucoup de cas, elle est inapplicable, parce qu'il n'y a pas de produits similaires. Que signifierait, par exemple, entre la France et l'Angleterre, la réciprocité appliquée aux vins, puisque l'Angleterre n'en produit pas?

La situation est la même, quand deux nations se garantissent réciproquement le traitement de la nation la plus favorisée; il peut n'y avoir dans cette stipulation qu'un leurre. L'Espagne, pays resté protectionniste, en nous assurant, dans le traité du 8 décembre 1877, à charge de réciprocité, ce traitement de faveur, ne nous donnait guère, vu l'extrême élévation des droits de son tarif minimum, qu'une satisfaction platonique, tandis qu'elle bénéficiait des réductions accordées par la France aux autres pays (1).

Ces diverses objections à l'introduction de la clause de la nation la plus favorisée dans les traités de commerce, — objections qui ont leur portée, il faut le reconnaître, — n'ont pas rallié toutes les Chambres de commerce, tous les économistes, tous les industriels. Et si les adversaires de cette clause ont pour eux le nombre, ceux du moins qui la considèrent comme nécessaire ont une autorité incontestable, notoire au point de vue économique, industriel ou commercial.

Disons tout de suite que la clause a des partisans dans le camp libre-échangiste comme parmi les protectionnistes. Mais de ce qu'elle a trouvé ses défenseurs les plus décidés dans les rangs des libre-échangistes, et que les attaques lui sont généralement venues du parti protectionniste, il ne faut pas déduire *a priori* qu'elle soit incompatible avec les principes protectionnistes, et que son introduction dans un traité soit un triomphe pour la cause du libre-échange.

Les libre-échangistes en effet tendent à agir sur les tarifs dans le but d'obtenir la diminution, ou même la suppression des droits qu'ils contiennent. Or, la clause ne touche pas, ne modifie pas les tarifs ; elle les laisse intacts. Mais ce qui l'a fait adopter avec empressement par les théoriciens du libre-échange, bien qu'elle ait fait obstacle parfois à l'admission de mesures libérales, c'est la généralisation immédiate qu'elle opère de chacune des concessions du tarif conventionnel, — généralisation qui peut amener insensiblement au libre-échange, chaque nouveau traité introduisant d'une manière indirecte un nouvel abaissement des droits précédemment jugés nécessaires, sans

---

(1) Sir Louis Mallet a parfaitement caractérisé ce fait en traitant de sophisme la politique de la réciprocité. *Journal des Economistes*, 15 mai 1879.

qu'il y ait jamais de relèvement. Ainsi considérée, la clause est un acheminement vers le régime du libre-échange absolu.

Les libre-échangistes la considèrent toutefois comme insuffisante et recommandent de ne pas s'en contenter dans les traités de commerce. Pour M. Paul Leroy-Beaulieu, ce serait « un malheur irréparable de ne pas « conclure des traités de commerce avec tarifs, et de se « contenter purement et simplement de conventions fon-« dées sur la seule clause de la nation la plus favorisée, « car il ne se passerait pas dix années que toutes les fron-« tières ne fussent hérissées de droits prohibitifs. On « retournerait à grande vitesse au régime antérieur à 1860; « ce serait l'anarchie complète (1) ».

D'autre part, la clause n'empêche pas nécessairement la politique protectionniste.

Les protectionnistes, eux aussi, veulent agir sur les tarifs ; ils tiennent à pouvoir apporter à tout moment des modifications aux droits de douane. La clause de la nation la plus favorisée n'est pas un obstacle à ces variations. Sans doute, faisant, par son jeu naturel, bénéficier de cha-que avantage nouveau toutes les nations auxquelles elle est accordée, elle crée sur le marché intérieur une concur-rence en opposition avec les vues protectionnistes ; mais le phénomène identique se produit sur les marchés étran-gers au profit de l'industrie nationale, lors de chaque diminution de droits, et cette garantie contre un traite-ment différentiel défavorable vaut bien la peine qu'on s'impose chez soi.

Au cours de l'enquête sur le régime douanier, poursui-vie par le Conseil supérieur du commerce et de l'industrie en 1889 et 1890, les Chambres de commerce de Lille, Paris,

---

(1) *L'Economiste français*, 15 juin 1881.

Lyon, Saint-Etienne, Clermont-Ferrand, et quelques autres
moins importantes, se sont nettement prononcées pour le
maintien de la clause, qui prévient l'exclusion détournée
de nos produits au moyen de tarifs différentiels détruisant
en fait les concessions consenties par traité, et pour lesquelles nous avions accordé des avantages équivalents.

Précédemment, en 1878, La Chambre de commerce de
Bordeaux écrivait au ministre du commerce que la suppression de la clause ferait courir de graves dangers au
commerce local et à l'industrie française en général. Elle
rectifiait en même temps « une erreur de rédaction manifeste », commise dans le projet de loi relatif à l'établissement du tarif général des douanes (1), faisant remarquer
que quinze ou vingt Chambres de commerce, notamment
celles des places les plus importantes s'étaient prononcées
pour la clause de la nation la plus favorisée. « Nous ne
« comprenons pas l'opposition faite à cette clause par un
« grand nombre de Chambres de commerce, et nous nous
« demandons s'il ne plane pas sur cette question spéciale
« un malentendu. On envisage la clause peut-être trop
« exclusivement au point de vue des avantages que nous
« paraissons accorder aux étrangers, sans se rendre
« compte en même temps des avantages inappréciables et
« absolument indispensables selon nous, que cette clause
« assure à l'industrie et au commerce français. Pour dis-
« siper ce malentendu, il suffirait de poser la même ques-
« tion en des termes différents dans la forme, mais iden-
« tiques au fond, c'est-à-dire en demandant : Etes-vous
« d'avis que dans la conclusion des traités avec l'étranger,
« la France exige que ses produits soient reçus dans les

(1) CHAMBRE. *Débats parlementaires*, séance du 21 janvier 1878. « Presque
toutes les Chambres de commerce demandent qu'on fasse disparaitre des
traités la clause qui accorde aux contractants le traitement de la nation la
plus favorisée... *Il n'y a qu'une voix sur ce point.* »

« mêmes conditions que les produits similaires d'autres
« pays ?   A la question ainsi posée, les Chambres de
« commerce répondraient affirmativement, et d'une
« manière unanime, à l'exception peut-être de celles qui
« n'exportent rien ou presque rien, et qui, par suite, ne
« poursuivent qu'un but, le monopole du marché français,
« et subordonnent à ce but toutes les autres considéra-
« tions (1) ».

M. Teisserenc de Bort avait déjà fait à la Commission du
tarif général des douanes, dans la séance du 23 mars 1876,
des déclarations identiques : « Les Chambres de commerce
« ont mal accueilli cette disposition des traités, peut-être
« parce qu'elles n'en ont pas suffisamment envisagé les
« divers aspects... En effet, si la clause de la nation la plus
« favorisée nous lie vis-à-vis de l'étranger, elle lie éga-
« lement l'étranger vis-à-vis de nous, et tout ce qu'il serait
« disposé à concéder à une tierce puissance nous serait
« acquis. »

Et de fait, les impérieuses exigences du commerce d'exportation contemporain militent en faveur de l'introduction
de cette clause dans les traités de commerce. Aujourd'hui,
pour beaucoup d'industries, le marché national est devenu
absolument insuffisant, et la question des débouchés exté-
rieurs est pour elles une question de vie ou de mort. Il y a
même de grands établissements qui travaillent pour le
compte exclusif de l'étranger.

Or, par suite de la concurrence effrénée que se font à
l'heure actuelle les nations industrielles, la perte d'un
débouché peut tenir à très peu de chose, à une diminution,
même très légère, des droits d'entrée sur les produits similaires d'un troisième pays.

Supposons que la France, qui exporte des quantités

---

(1) *Economiste français*, 15 novembre 1878.

considérables de soieries soit liée par un traité de commerce aux Etats-Unis ; la convention qui frappe les soieries françaises d'un droit de 30 °/₀ ne contient pas la clause de la nation la plus favorisée. Quelle situation intolérable pour notre industrie, si les Etats-Unis, libres à cet égard vis-à-vis de la France, accordent l'entrée chez eux des soieries belges, suisses ou allemandes, au droit réduit de 25 °/₀ !

Cette hypothèse n'est pas toujours restée chimérique ; en 1877, elle a été un fait, une triste réalité. Pendant quelques mois, l'Espagne, libre d'engagement envers la France au point de vue de la clause de la nation la plus favorisée, avait accordé des conditions d'importation beaucoup plus avantageuses pour les produits belges, allemands, etc., que pour les produits français. Les doléances des Chambres de commerce — échos des souffrances de l'industrie française — furent la démonstration pratique la plus évidente des avantages et de la nécessité d'insérer dans les traités de commerce la clause de la nation la plus favorisée.

Les dépositions recueillies par la Commission du tarif général des douanes, en 1879, ne sont pas moins expressives (1).

Un délégué des sociétés agricoles et viticoles de la Gironde, M. de Sonneville, s'exprime ainsi : « La clause de « la nation la plus favorisée est le corollaire nécessaire, « obligé, de tout traité de commerce. Sans elle, et malgré « toutes les conventions internationales, on rétablirait l'ins- « tabilité si funeste aux transactions ; sans elle, pas un « industriel, pas un producteur ne pourraient compter sur « l'écoulement de leurs produits, là où ils ont l'habitude « d'en opérer le placement »

Et, prenant un exemple qui touche la viticulture et la pro-

_____

(1) COMMISSION DU TARIF GÉNÉRAL DES DOUANES. *Rapports, enquêtes, déposi- tions.* Paris, 1878-1880.

duction vinicole, il ajoute : « Un traité existe aujourd'hui
« entre la France et l'Angleterre ; nos vins y sont frappés
« du droit d'un shilling par gallon. L'Angleterre n'a pas de
« traité avec l'Espagne ; mais dans le but de s'y procurer
« de nouveaux débouchés, elle peut faire des concessions à
« cette puissance. Supposons qu'elle admette chez elle les
« vins espagnols au droit réduit de 3 pence. La clause de
« la nation la plus favorisée ayant été introduite dans le
« traité anglo-français, nos vins jouissent immédiatement,
« *ipso facto*, et sans nouveaux sacrifices de notre part, du
« bienfait de cette large concession ; c'est une faveur et un
« avantage inattendus dont nous retirons de grands profits.
« Si, au contraire, la clause n'avait pas été stipulée, si nos
« vins continuaient à payer 1 shilling par gallon, nous
« assisterions, impuissants, à la substitution des vins
« espagnols, dans la consommation anglaise, au détriment
« des nôtres. »

M. Tézenas du Montcel, membre du Conseil supérieur du
commerce et de la Chambre de commerce de Saint-
Etienne, faisait les mêmes remarques : « Nous persistons
« à dire qu'il est impossible de supprimer des traités de
« commerce la clause de la nation la plus favorisée. Il n'y
« a pas de traités possibles sans cette clause. En effet, nous
« traitons avec l'Italie qui nous demande un droit de 7 fr.
« par 100 kilogr. sur les fers forgés ; le lendemain, l'Italie
« traite avec l'Allemagne à qui elle accorde l'entrée de ses
« fers en franchise. Qu'aurons-nous à dire, si notre traité
« ne porte pas la clause de la nation la plus favorisée?
« Nous resterons l'arme au bras, obligés de laisser passer
« devant nous tous les fers allemands qui iront en Italie
« prendre la place des fers français. Est-ce que cette situa-
« tion est acceptable pour la France?

« Il en est de même pour les tissus, et, d'une façon
« générale, pour toutes les industries. D'ailleurs, il est
« certain que jamais aucune puissance ne traitera avec

« nous, si vous repoussez cette clause ; d'autre part, cette
« stipulation est une garantie pour la France que ses
« produits seront reçus aux mêmes conditions que les
« produits concurrents sur les marchés étrangers. »

Quant à prétendre que la clause crée l'instabilité des
relations commerciales, c'est, aux yeux de ses défenseurs,
une objection spécieuse. Sous le simple régime des tarifs
généraux sans traités de commerce, l'industrie française
serait aussi bien exposée à voir le Parlement sans cesse
remanier les droits de douane, et les abaisser graduelle-
ment, chaque année, si cela lui convenait.

Au surplus, quand un pays, lié par la clause de la nation
la plus favorisée, accorde des concessions, il ne le fait pas
inconsidérément : il lui est facile de se rendre compte de
l'extension qu'il sera tenu de donner à ces concessions.
Cette conséquence ne se produit pas sans son consentement. Quand l'Angleterre qui recevait, d'une manière
générale, les produits français manufacturés à 15 °/o, a
accordé aux produits allemands le 10 °/o, elle s'est vue
obligée de faire bénéficier la France, à qui elle avait antérieurement concédé la clause de la nation la plus favorisée,
de ce même avantage. Mais les négociateurs anglais, en
concluant le traité avec l'Allemagne, avaient certainement
envisagé cette extension au profit de la France; leurs
discussions avaient porté non-seulement sur la conve-
nance qu'il y aurait à admettre en Angleterre les produits
allemands moyennant 10 °/o, mais aussi sur la réduction dont bénéficieraient nécessairement les produits
français (1).

_____

(1) M. Paul LEROY-BEAULIEU cite, dans la *Revue des Deux-Mondes* du
1ᵉʳ février 1892, un exemple des troubles que peut amener l'application
brutale de la clause de la nation la plus favorisée, introduite d'une façon
irréfléchie dans un traité.

« La France s'était engagée, en 1881, à recevoir, moyennant le droit très

M. de Molinari voit, à l'insertion de la clause de la nation la plus favorisée dans les traités de commerce, un autre avantage.

Les traités de commerce amènent la diversité des tarifs et par suite une complication inextricable dans le mécanisme douanier. La clause de la nation la plus favorisée corrige précisément cet inconvénient ; elle ramène les tarifs conventionnels à l'unité désirable ; elle tend non-seulement à l'abaissement, mais à la simplification des tarifs (1). Sans elle, on verrait les douaniers, d'une gare frontière ou d'un port de commerce, appelés à appliquer 10, 15, 20 tarifs différents à des marchandises similaires, amenées par le même train ou le même bateau.

« Il est d'ailleurs bien difficile, ajoute-t-on, de frapper les

---

réduit de 2 francs par hectolitre, tous les vins d'Espagne jusqu'au poids de 15° 9 d'alcool par hect. Les rédacteurs du traité de 1881 n'avaient évidemment pensé qu'aux anciens vins d'Espagne, récoltés sur des coteaux, avec des cépages peu producteurs, et de vieilles vignes, nullement ou médiocrement fumées.

« Les pays étrangers, producteurs de vins, qui jouissaient du traitement de la nation la plus favorisée, ne laissèrent pas échapper l'occasion qui leur était offerte. Le phylloxéra en France avait accru les débouchés pour les vins étrangers ; aussi partout plantait-on d'énormes étendues de plaines basses avec des cépages gros producteurs, que l'on cultivait d'ailleurs d'une manière très intensive, en ne leur ménageant pas les fumures : il en résulta que la majeure partie des vins étrangers ne pesaient plus qu'un poids très inférieur d'alcool.

« Or, comme le traité de 1881 permettait de les introduire en France jusqu'à 15° 9, on y versait 3, 5, 6 degrés qui ne payaient aucun droit, tandis qu'en France, l'alcool employé à remonter les vins était frappé d'un droit de 1 fr. 50 par degré. C'était pour les vins étrangers une forte prime à l'importation, — résultat que n'avaient certes pas aperçu les négociateurs du traité de 1881. »

(1) La simplification est telle qu'il serait très facile de rédiger un tarif officiel général des douanes, d'après les concessions faites aux divers Etats bénéficiant du traitement de la nation la plus favorisée. Nous ne connaissons qu'un travail de ce genre ; encore émane-t-il de l'initiative privée. Cf. G. MANUEL. *Tarif des douanes de France applicable aux produits des Etats qui ont droit au traitement de la nation la plus favorisée.* Dressé d'après l'édition officielle des tarifs des douanes en France. Berne 1883.

mêmes objets de taxes différentes selon qu'ils proviennent de tel ou tel pays : la multiplicité des échanges entre les nations, rend ces dispositions à la fois très onéreuses pour celui qui les applique, très vexatoires pour celui qui les subit, et très inefficaces pour celui qui a intérêt à s'y soustraire. Constituer au profit de certains Etats des avantages commerciaux au détriment d'autres Etats, c'est méconnaître le caractère essentiellement pacifique des traités de commerce, puisqu'au lieu d'une entente générale entre les Etats, il en ressortirait, d'une part des inimitiés — les guerres de tarifs, — d'autre part des alliances déguisées entre quelques-uns d'entre eux (1) ».

A quelle opinion faut-il s'arrêter ?

Il se peut que la clause de la nation la plus favorisée compromette la stabilité des arrangements internationaux et la fixité du régime économique; il se peut qu'elle soit une brèche au principe de fixité qui est le grand avantage des traités de commerce, — et c'est par là qu'elle est critiquable, — nous estimons toutefois que les avantages qu'elle procure dépassent infiniment la somme des inconvénients qu'elle comporte. Une considération majeure qui prime, à notre avis, toutes celles que nous avons déjà fait valoir, milite en sa faveur. En assurant une égale liberté de commerce à tous les peuples, elle a efficacement contribué au développement économique des nations les moins puissantes, à qui leur faiblesse même permettait moins d'obtenir des conditions commerciales favorables pour lutter contre les grands Etats.

Cette clause contient un principe de défense nécessaire : aussi serait-il très imprudent de la part d'un pays ayant adopté le régime des traités de commerce de se refuser, sous prétexte d'atteinte portée à la stabilité, à l'introduire

---

(1) Pradier-Fodéré, *Traité de droit international public*, IV, p. 396.

dans les conventions internationales. Pour y renoncer
impunément, il lui faudrait trois choses : 1° qu'il ait un
traité avec tous les pays étrangers ; 2° que ceux-ci en aient
eux-mêmes un entre eux au moment de la signature du
traité; 3° qu'ils s'obligent à ne rien modifier aux conventions réciproques pendant tout le temps qu'ils seraient
liés avec lui. Pratiquement, c'est impossible. Les changements économiques, les progrès de l'industrie et de l'agriculture, les transformations sociales des peuples, le développement intensif des pays neufs dont les produits
risquent à un moment donné d'envahir les marchés européens, sont autant de causes qui s'opposent à cette permanence des conditions suivant lesquelles les nations échangent leurs produits. « Les traités de commerce doivent
« laisser la porte ouverte aux améliorations successives
« qui multiplient le commerce : la clause de la nation la
« plus favorisée en offre le moyen (1) ».

Si, pour nous, la clause de la nation la plus favorisée
est actuellement inséparable des traités de commerce,
nous estimons du moins que, pour éviter les mécomptes
auxquels elle expose le commerce et l'industrie, on peut
concevoir pour les relations internationales un système
autre que le système purement conventionnel.

III. — *Système du double tarif avec traités complémentaires*

Au cours de la préparation et de la discussion du tarif
de 1892, l'opinion se prononça avec énergie contre les
traités de commerce conclus dans la forme devenue
usuelle depuis 1860. Reconnaissant que la clause de la
nation la plus favorisée était devenue nécessaire, qu'aucune
convention ne pouvait plus être passée sans qu'elle y

---

(1) Michel CHEVALLIER, *Revue des Deux Mondes*, 15 juin 1876.

figurât, que les conditions économiques l'imposaient désormais aux négociateurs, on demandait au gouvernement une combinaison qui permît d'échapper aux inconvénients que nous avons énumérés.

Mais devait-on pour cela renoncer complètement au régime des traités ?

Cette solution présentait l'avantage de nous laisser toujours maîtres de modifier nos tarifs, suivant les circonstances. On proposa le système du tarif général exclusif.

Il aurait été calculé de manière à assurer au travail national le minimum de protection reconnu indispensable. Ce tarif, que le Parlement pouvait d'ailleurs modifier à sa guise, aurait constitué le droit commun, et aurait été appliqué *ipso facto* à toutes les nations auxquelles nous n'aurions pas eu de motifs particuliers d'appliquer des droits plus élevés. Ces motifs pouvaient provenir, soit de ce qu'une nation ne nous accordait pas les avantages qu'elle concédait à d'autres, soit de ce que, tout en ne nous appliquant pas un traitement différentiel, elle frappait nos produits de taxes manifestement exagérées et hors de proportion avec celles que notre tarif appliquait à ses propres produits. Dans les deux cas, tout ou partie des droits du tarif général auraient été relevés jusqu'à concurrence d'un maximum déterminé.

Ce système fut écarté. Il présentait l'inconvénient de nous obliger à forcer outre mesure la note de la protection, comme l'ont fait tous les pays qui ont adopté ce régime ; quand on doit donner un tarif identique à tous, même aux pays qui ont un régime véritablement prohibitif, on est amené à tenir la taxation très élevée.

Le tarif unique avait un autre défaut beaucoup plus grave, celui de compromettre les intérêts de notre exportation. Il nous aurait fait perdre le bénéfice des concessions que nous pouvions espérer en offrant des réductions de droits. On a répondu, il est vrai, que le tarif unique n'excluait pas les mesures de représailles vis à vis des nations qui seraient tentées d'infliger à nos produits un traitement de rigueur, et que la seule menace de ces représailles avait suffi déjà à assurer, à certaines nations qui pratiquent le tarif unique, le traitement de la nation la plus favorisée. Mais le système des représailles qui peut placer un pays dans un état complet d'isolement économique est des plus dangereux : aussi a-t-il été abandonné.

En 1878, la Commission des douanes, par l'organe de son rapporteur, M. Ancel, imaginait l'ingénieuse combinaison d'un double tarif : l'un minimum, applicable aux pays qui nous accorderaient, par des lois ou par des traités, le traitement de la nation la plus favorisée, et ne frapperait pas nos produits de droits supérieurs à ceux de notre tarif minimum ; l'autre général, réservé aux autres nations (2).

Cette proposition, qui fut reprise sans plus de succès en 1882, devait pourtant aboutir : elle devint le système du double tarif qu'a consacré en France la loi de douanes du 11 janvier 1892, système plus perfectionné que n'était celui de la Commission des douanes de 1878, en ce qu'il n'est pas exclusif du régime conventionnel.

Voici, en quelques mots, l'économie de cette loi basée sur la coexistence de deux tarifs (1).

---

(1) Un industriel d'Audincourt (Doubs), M. Reverchon, avait fait valoir un système analogue devant les membres du Conseil supérieur du commerce et de l'industrie, dans la séance du jeudi 3 juillet 1876 :

« Qu'est-ce que le tarif général ? C'est le régime de tout le monde... Le négociant, lui aussi, a un tarif spécial et des règles générales. Quand il a affaire à un client ordinaire, il applique ces règles générales ; mais quand se présente un client traitant de grosses affaires, dans des conditions plus favorables, le négociant sort de son tarif, de ses règles générales, pour entrer dans la voie des concessions. »

(2) DEJAMME, *Commentaire de la loi du 11 janvier 1892*. Paris 1892. Voy. aussi OFFICIEL, *Annexes* ; *Chambre, session 1890, Exposé des motifs de la loi de douanes de 1892*.

Le tarif maximum, correspondant au tarif général précédent, et pouvant comme lui être constamment modifié, est le tarif de droit commun, celui qui est applicable en l'absence de tout autre régime. Il n'a, à aucun degré, le caractère d'une mesure exceptionnelle, spécialement dirigée contre un Etat déterminé. C'est seulement à l'égard des pays qui frappent nos produits de surtaxes, ou les écartent par un régime prohibitif, qu'une majoration du tarif général peut être décidée. Le tarif maximum n'a rien de commun avec ces mesures de représailles douanières : ce n'est aucunement un régime d'hostilité.

Quant au tarif minimum , inférieur de 30 °/₀ , en moyenne, au précédent, il est un régime de faveur concédé aux pays qui nous accordent des avantages corrélatifs, et, en premier lieu, à ceux qui ne frappent pas nos produits de droits supérieurs à ceux dont sont taxés les produits d'autres nations. C'est un diminutif du tarif maximum ; le Parlement en arrête les bases.

Ce tarif donne la mesure dans laquelle les négociations, selon les prévisions humaines, doivent être maintenues. Il contient pour le gouvernement, l'indication des concessions minima que les Chambres sont disposées à accorder en échange de faveurs réciproques. Il représente donc la limite inférieure des concessions que peut faire chaque industrie, non pour être à l'abri de la concurrence étrangère, mais pour lutter sans désavantage avec elle.

On a voulu prétendre, au cours de la discussion de la loi du 11 janvier 1892, que le tarif minimum ne serait qu'un tarif général accordé à toutes les nations qui nous concéderaient elles-mêmes le traitement le plus favorable. C'était reprendre purement et simplement la proposition Ancel. Le ministre du commerce tint à s'expliquer à ce sujet, et déclara que le tarif minimum serait une base servant à indiquer l'étiage au-dessous duquel la protection ne pourra pas descendre, mais, entre lequel et l'étiage maximum, il sera possible d'établir toute une échelle de tarifs protecteurs intermédiaires.

Le système des deux tarifs douaniers, maximum et minimum, substitués aux deux tarifs antérieurs, général et conventionnel, équivaut à peu près au régime des traités de commerce : l'établissement de chaque tarif intermé diaire en vue d'une puissance spéciale, sera en effet précédé de négociations avec cette puissance. Mais « les traités de « commerce complémentaires n'exposent plus aux mêmes « chances d'erreur, dans les négociations, que les traités « généraux à tarifs annexes, ni aux généralisations impré- « voyantes qui provenaient naguère de la concession du « traitement de la nation la plus favorisée par des conven- « tions successives (1) ».

Bien mieux, non-seulement le régime de 1892 n'est pas exclusif du système conventionnel, mais par le fait même, il ne l'est pas davantage de la clause de la nation la plus favorisée.

Ici, l'insertion de la clause n'a plus les graves inconvé- nients que nous avons signalés dans le système précédent, car les conventions ont désormais une base ferme, le tarif minimum ; de plus, la limite des concessions est fixée par la loi de douanes, et non plus abandonnée aux hasards des négociations.

Le gouvernement devra pourtant agir avec prudence. Supposons en effet qu'il n'ait pas accordé à une nation tout le bénéfice du tarif minimum ; les avantages qu'on lui offrait étant insuffisants, il n'en a accordé qu'une partie. Il fera bien de se refuser à l'insertion de la clause de la nation la plus favorisée qui aurait pour effet d'attribuer à cette nation, par voie indirecte, la jouissance du tarif minimum intégral qu'on ne voulait pas lui accorder par

_____

(1) CAUWÈS, *Cours d'économie politique*, II, n° 743.

voie directe, si à un moment donné, par un traité posté-
rieur, et en échange de réductions importantes, il accordait
à une tierce puissance le tarif minimum entier.

On pourrait du moins insérer la clause, en la limitant
aux avantages se référant aux seules parties du tarif
minimum dont on fait la concession.

Quelles que soient les imprudences commises, quelque
inconsidérée que soit l'insertion de la clause de la nation
la plus favorisée dans les traités complémentaires, nous ne
redoutons plus, avec ce système, les dangers auxquels nous
exposait le jeu de la clause sous le régime exclusivement
conventionnel. Nous connaissons les concessions extrêmes
auxquelles les circonstances peuvent nous exposer; les
surprises, les mécomptes sont restreints à ces limites.

En fait, le bénéfice de notre tarif minimum est accordé
à l'heure actuelle, soit directement par traité, soit par l'effet
de la clause de la nation la plus favorisée, à la plupart des
pays d'Europe. L'accord commercial franco-italien de
1899 le concède à l'Italie, sauf en ce qui concerne les soies,
exclues de l'arrangement (1).

---

(1) La *Quinzaine* du 1er octobre 1899 commentant cet accord, fait les judicieuses réflexions suivantes :

« Ce tarif — il est bon de rappeler ici un principe essentiel de notre législation douanière proclamé en 1892 — ne résulte pas d'une convention synal-
lagmatique passée entre la France et certaines puissances étrangères. Il est
notre œuvre, et nous pouvons le remanier. En d'autres termes, il n'y a pas
traité assurant à chaque catégorie de produits une tarification contractuelle
et définitive. L'engagement de notre part ne consiste qu'à faire bénéficier
l'Italie du tarif minimum, tel qu'il est si nous n'y changeons rien, tel qu'il
sera si nous usons du droit de le modifier. »

CHAPITRE II

L'article 11 du traité de Francfort et la clause de la nation la plus favorisée

Nous avons réservé, à cause de son importance, la question de l'article 11 du traité de Francfort; nous l'avons fait à dessein. Il nous sera plus facile, avec la connaissance des divers systèmes économiques réglant les échanges internationaux, de juger la stipulation à laquelle les négociateurs français, MM. Pouyer-Quertier et Jules Favre, ont souscrit avec tant de légèreté, et sans considérer l'engagement qu'ainsi nous contractions *in infinitum* vis-à-vis de l'Allemagne.

La France, poursuivant la politique libérale dans laquelle elle était résolument entrée en 1860, avait conclu, le 2 août 1862, un traité de commerce avec la Prusse agissant au nom des Etats composant l'Union des Douanes allemandes (Zollverein). L'art. 31 de ce traité portait : *Chacune des deux Hautes Parties Contractantes s'engage à faire profiter l'autre de toute faveur, de tout privilège ou abaissement dans les tarifs des droits à l'importation ou à l'exportation, des articles mentionnés ou non dans le présent traité, qu'elle pourrait accorder par la suite à une tierce Puissance. Elles s'engagent en outre à n'établir l'une envers l'autre aucun droit ou prohibition d'importation, ni aucune prohibition d'exportation, qui ne soit en même temps applicable aux autres nations.*

Survient, en 1870, la rupture franco-allemande ; la déclaration de guerre faisait, par le fait même, tomber les accords antérieurs existant entre les deux pays, et notamment le traité de 1862. Aussi, quand cessèrent les hostilités, dût-on se préoccuper des bases sur lesquelles seraient, à l'avenir, réglées les relations commerciales des deux pays.

Il n'en fut pas question dans les Préliminaires de paix signés à Versailles, le 26 février 1871. Quelques jours après, le prince de Bismarck proposait de rétablir purement et simplement le traité de 1862, et, non pas de le laisser courir jusqu'à son terme originairement fixé — 31 décembre 1877 — mais de le proroger pour dix années à partir de la conclusion de la paix, soit jusqu'en 1881 (1). M. Pouyer-Quertier qui, à maintes reprises, avait affirmé ses tendances protectionnistes, et qui, de plus, était le mandataire du président Thiers, adversaire déclaré de la politique de liberté commerciale, se refusa à cet accord. L'un et l'autre songeaient plutôt, comme l'annonçait au Reichstag le Chancelier, dans la séance du 12 mai 1871, à résilier les traités de commerce, et notamment à ne pas renouveler le traité de 1862.

Le gouvernement français fit valoir qu'il pouvait obtenir, de l'élévation des droits de douane, l'augmentation des recettes dont il avait besoin pour réaliser le montant de la contribution de guerre de 5 milliards. Le prince de Bismarck craignit un subterfuge qui déguisât un plan de guerre douanière dirigée contre l'Allemagne. « Je préfère, disait-il, une guerre à coups de canon, à une pareille guerre de tarifs. » Il reconnaissait toutefois « l'impossibilité, dans « les relations internationales entre deux grands peuples, « de faire d'un traité de commerce une condition obtenue « par la guerre, et qui, s'imposant à la souveraineté d'un « grand pays, restreindrait son droit de législation. »

---

(1) VALFREY, *Histoire du traité de Francfort*, Paris, 1874. — Voyez aussi le rapport fait à l'Assemblée Nationale le 18 mai 1871, par M. le Comte de Meaux, sur le projet de loi portant ratification de l'accord du 10 mai.

Après de longs pourparlers, les délégués français trouvèrent un terrain d'entente qu'approuva le prince de Bismarck. Il fallait à tout prix sauvegarder pour l'avenir, sinon la faculté de conclure à notre gré des conventions douanières, du moins le droit d'établir librement chez nous des tarifs.

MM. Pouyer-Quertier et Jules Favre proposèrent de s'en tenir au traitement réciproque de la nation la plus favorisée ; nous paraissions ainsi conserver notre liberté d'action, et c'était, d'autre part, garantir l'Allemagne contre toute guerre douanière.

Le principe de la clause de la nation la plus favorisée, adopté dans son essence, fut inséré dans le § 1 de l'art. 11 du traité de Francfort : *Les traités de commerce avec les différents Etats de l'Allemagne ayant été annulés par la guerre, le gouvernement français et le gouvernement allemand prendront pour base de leurs relations commerciales le régime du traitement réciproque sur le pied de la nation la plus favorisée.*

Le § 3 apporte une limitation à la portée générale de cette clause : *Toutefois seront exceptées de la règle susdite les faveurs qu'une des deux Parties Contractantes, par des traités de commerce, a accordées ou accordera à des Etats autres que ceux qui suivent : l'Angleterre, la Belgique, les Pays-Bas, la Suisse, l'Autriche, la Russie.*

La France et l'Allemagne sont donc libres de faire des traités de commerce avec tous les pays non mentionnés, — l'Italie, l'Espagne, la Suède, etc., et les pays hors d'Europe — sans être tenues de se concéder mutuellement, de par l'article 11 du traité, les avantages accordés à l'une de ces nations.

Ce qui rend particulièrement dangereux l'engagement commercial ainsi souscrit en 1871 par les négociateurs français, c'est son introduction dans un traité de paix ; il

prend, de ce fait, le caractère de permanence et de perpétuité qu'a le traité lui-même (1).

Or, la nature si différente des accords politiques, relatifs
au droit public, et des conventions économiques, commerciales, ayant pour but la réglementation des échanges internationaux, commandait en cette matière une extrême
réserve. Les traités de paix entre des Etats indépendants,
c'est-à-dire entre des organismes sociaux d'une existence
illimitée, sont, de par leur nature, conclus pour un temps
indéfini, à perpétuité : seule, une déclaration de guerre
peut y mettre fin. Au contraire, les traités de commerce, ne
se rapportant pas aux éléments constitutifs des Etats, mais
bien à des intérêts économiques, variables et flottants
comme le commerce et l'industrie, doivent avoir une durée
fixe, limitée, de 5 à 10 ou 20 années, pour permettre aux
nations de se ressaisir à un moment donné et d'harmoniser
en quelque sorte les conditions d'échange avec les circonstances économiques et sociales du moment. M. de Bismarck ne disait pas autre chose, quand, au Reichstag, il
parlait de l'impossibilité de faire d'un traité de commerce
une condition obtenue par la guerre : il ne se reconnaissait
pas le pouvoir de restreindre en cette matière le droit de
législation interne d'un grand pays.

« Ce n'est que vis-à-vis des nations barbares et à demi
« civilisées, où le droit à la liberté de commercer s'obtient
« par la force des armes, que les traités de paix et de com-
« merce se fondent l'un dans l'autre. Dans ces pays, les
« rapports commerciaux sont, en effet, des conditions im-
« posées par la guerre ou du moins par des menaces de
« guerre. Là, les traités de commerce ne sont pas conclus
« à échéance fixée d'avance ; ils ne peuvent être dénoncés.
« Tout au plus peuvent-ils être soumis à une révision, à

---

(1) SCHRAUT, *System der Handelsvertræge und der Meistbegünstigung*, III, IV.

« condition que les parties contractantes y consentent ;
« autrement, le traité de commerce a une durée illimitée
« et ne peut être aboli que par l'explosion d'une nouvelle
« guerre entre les parties contractantes (1) ».

Voilà pourtant la situation que nous crée l'art. 11 du
traité de Francfort : un engagement illimité, irrévocable
parce qu'il n'est pas susceptible de dénonciation, qui nous
lie à perpétuité au même titre que les clauses politiques du
traité.

On s'est demandé, et non sans raison, ce qu'on doit
reprocher aux délégués français, l'ignorance ou la négli-
gence (2). Quoi qu'il en soit, la faute est d'autant plus
incompréhensible que le prince de Bismarck n'exigeait pas
un tel accord. La simple prorogation qu'il demandait du
traité de 1862 jusqu'en 1881 n'aurait pas eu les malheu-
reuses conséquences que nous déplorerons longtemps
encore. Ce traité nous liait jusqu'en 1877 : ce n'était donc
qu'une prolongation du terme, et pour 4 années seulement.
En 1881, du moins, nous étions libres de faire ce que bon
nous semblait, de nous jeter dans la politique protectionniste à outrance, de déclarer même une guerre douanière à
l'Allemagne, en un mot, nous recouvrions notre indépendance.

Au surplus, d'autres moyens s'offraient aux négociateurs
français ; car, il ne faut pas l'oublier, l'art. 11 est leur
œuvre ; eux seuls l'ont proposé au prince de Bismark qui
a su voir bien vite l'arme que la France forgeait elle-même
contre son commerce et son industrie.

Que MM. Pouyer-Quertier et Jules Favre n'aient pas
voulu souscrire à la prorogation du traité de 1862, nous

---

(1) Oncken. L'article 11 du traité de Francfort et l'expiration des traités
de commerce en 1892. *Revue d'Economie politique*, 1891.

(2) Valfrey, *op. cit.*, II, vi.

l'admettons encore ; ils pouvaient craindre en effet de lier pour un temps trop long nos gouvernants, gagnés déjà au protectionnisme, et dont l'intention arrêtée était de dénoncer les traités antérieurs. Mais pourquoi n'avoir pas proposé, alors qu'on leur laissait le soin de trouver un terrain d'entente, une clause transitoire, un accord momentané qui eût permis de peser les avantages et les inconvénients de telle ou telle disposition ?

Au lieu de traiter brusquement, sous le coup de ces événements douloureux qui nous commandaient bien plutôt la prudence, pourquoi n'avoir pas adopté, par exemple, les termes de l'art. 32 du traité de Paris de 1856 : *Jusqu'à ce que les traités ou conventions qui existaient avant la guerre entre les Puissances Belligérantes aient été renouvelés ou remplacés par des actes nouveaux, le commerce d'importation ou d'exportation aura lieu réciproquement sur le pied des règlements en vigueur avant la guerre ; et leurs sujets, en toute autre matière, seront respectivement traités sur le pied de la nation la plus favorisée.* Deux fois déjà, en 1864, dans le traité conclu avec le Danemark, à la suite de l'affaire des Duchés, et en 1866, dans le traité de Prague, qui mettait fin à la guerre avec l'Autriche, la Prusse avait admis des dispositions analogues : les parties contractantes, se réservant d'entrer plus tard dans des négociations spéciales pour le renouvellement des traités de commerce devenus caducs par le fait de la guerre, adoptaient pour bases de leurs relations, soit les anciennes règles, soit le traitement de la nation la plus favorisée.

C'est ainsi qu'on trouve, dans des traités de paix, la clause de la nation la plus favorisée visant les rapports économiques de deux nations. Inscrite avec la même délimitation temporaire dans le traité de Francfort, elle n'aurait eu aucun inconvénient ; mais on a oublié cette restriction importante. Aussi, notre situation vis-à-vis de l'Allemagne, et cela quel que soit d'ailleurs le système que nous adoptions pour régler nos échanges avec les autres nations, est-elle et restera-t-elle toujours très difficile.

L'art. 11 du traité de Francfort nous paralyse quand nous voulons faire bénéficier de réductions les pays qui nous offrent des avantages correspondants. Ainsi, en 1882, lors des délibérations préliminaires sur le traité franco-suisse, chaque fois qu'un représentant de la République Helvétique proposait de réduire les droits d'entrée, les délégués français répondaient que « rien ne pourrait leur « être plus agréable que de déférer aux désirs de la Répu-« blique voisine, si étroitement liée à la France, mais que « la Suisse faisant partie des Etats cités dans le § 3 de « l'art. 11 , l'Allemagne participerait aussi, sans faire « aucun sacrifice, aux avantages qu'on lui accorderait et « que ce serait trop demander. »

La France n'est donc pas seule à souffrir de cet état de choses.

L'Allemagne d'autre part, pour rendre toute platonique à notre endroit la réciprocité de la clause de la nation la plus favorisée, ne conclut plus aucun traité avec les pays énoncés dans l'art. 11. En 1882, elle se refuse à traiter avec la Suisse et ne lui en cache pas les motifs. Par une convention du 11 novembre 1888 — premier traité conclu depuis le 10 mai 1871 —, elle se décide pourtant à lui accorder quelques réductions de droits, mais seulement sur certains produits choisis parmi ceux à l'égard desquels la France ne pourrait se prévaloir du bénéfice de l'art. 11, à cause de leur supériorité ou leur bon marché. Depuis cette époque, l'Allemagne ne renonça jamais à la protection que dans la mesure strictement nécessaire. Quant aux traités qu'elle a · consentis en 1891 et 1892 à l'Autriche, à l'Italie, à la Suisse et à la Belgique, ils présentent tous des combinaisons telles, que la France n'en retire aucun bénéfice.

Ainsi, tandis que notre tarif minimum est inférieur pres-que sur tous les numéros au tarif conventionnel allemand

de 1892, notamment sur les tissus de laine —50 à 220 francs
contre 125 à 275 —, sur les tissus de soie — 150 à 400 francs
contre 1.000 et 562 —, il est à noter qu'à l'entrée sur le territoire allemand, nos principaux produits d'exportation
sur les 35 articles portés au tarif des traités avec l'Autriche et l'Italie, sur les 20 articles du traité avec la
Suisse, sur les 17 qui figurent dans le traité avec la Belgique,
ne sont l'objet d'aucune réduction. Les tissus de laine
restent inscrits aux droits antérieurs de 125, 168 et 275
francs les 100 kilogr.; les tissus de soie également aux
droits de 1,000 francs (soie pure) et 562 francs (mélangés);
pour les tissus de coton qui forment encore un élément
considérable de trafic entre la France et l'Allemagne, les
droits très élevés des tarifs conventionnels antérieurs ont
été, eux aussi, purement et simplement reproduits dans les
nouveaux traités.

Dans ses pourparlers avec l'Italie, au courant de l'année
1891, l'Allemagne avoue qu'elle ferait volontiers des concessions sur les droits d'entrée qui frappent les vins italiens; mais, en vertu de l'égalité de traitement avec la nation
la plus favorisée, ces concessions auraient dû être étendues
à l'Autriche, et dans ce cas, l'art. 11 du traité de Francfort
en aurait fait indirectement profiter la France, ce qu'elle
ne voulait à aucun prix.

En revanche, si elle ne conclut pas de nouveaux traités
avec les six nations mentionnées dans l'art. 11, l'Allemagne
ne se fait pas faute de passer des Conventions à tarifs
réduits les pays chez lesquels ne se rencontre aucun
de nos articles d'exportation : il lui suffit que les avantages
ne profitent pas à la France, même d'une façon indirecte.
Sans prétendre, comme on l'a fait dire à M. de Bismarck,
que « avec l'article 11 du traité de Francfort, l'Allemagne
infligerait à la France un Sedan économique » , il faut
reconnaître que cette disposition est des plus regrettables.

On a dit, il est vrai, qu'on pouvait en paralyser la portée

par la conclusion d'un traité additionnel avec tarifs. Rien sans doute n'empêcherait un accord de ce genre entre la France et l'Allemagne. Mais ce traité, n'ayant qu'une durée limitée, serait dénonciable; on retomberait alors sous le coup de l'art. 11. La sécurité, on le voit, n'est pas très grande.

Qu'on ne vienne pas dire davantage qu' « en 1871, la « sagesse nous conseillait de souscrire à l'art. 11, car nous « devions en profiter et non en souffrir, notre exportation « dépassant de 150 millions notre importation. Seulement « il fallait se garder de consentir à aucune puissance de « nouvelles concessions, dont l'Allemagne, le cas échéant, « ne manquerait pas de revendiquer le bénéfice. C'est cette « réserve nécessaire qu'on n'a pas su garder : telle est la « faute irrémédiable qui a été commise (1) ».

Cette réserve, il était impossible de la garder, vu les conditions économiques, perpétuellement variables, dans lesquelles nous nous trouvons. Que nous adoptions le système des tarifs conventionnels, que nos préférences aillent au contraire à celui du double tarif avec traités complémentaires, nous ne pouvons échapper aux conséquences de l'art. 11 du traité de Francfort. Un seul régime, — et celui-là, nous l'avons dit, est inapplicable aujourd'hui — permettrait d'éviter les inconvénients du traité de Francfort : c'est le tarif général autonome.

---

(1) *Bulletin de la Société des Agriculteurs de France*, 1884. Quinzième session générale annuelle : compte rendu des travaux de la Société.

TITRE II

LE DROIT PRIVÉ

––––––

CHAPITRE PREMIER

La condition juridique des personnes physiques et la clause de la nation la plus favorisée

En quoi et comment les droits des étrangers peuvent-ils être touchés par la clause de la nation la plus favorisée ?

Il est certain que le simple jeu de la clause peut élargir les droits de l'étranger; il est incontestable que cette stipulation peut avoir une influence sur la condition juridique des personnes résidant en territoire étranger. Mais pour aborder cette question, il nous paraît au préalable nécessaire de présenter quelques considérations très générales sur la législation française actuelle.

Les législations modernes, tout en améliorant beaucoup la condition de l'étranger, ont laissé subsister, entre celui-ci et le national, des différences notables et profondes au point de vue de leurs droits respectifs. L'étranger se voit en effet refuser certains droits; sa capacité juridique est parfois gravement restreinte; des garanties sont exigées de lui et des mesures plus ou moins défavorables prises à son égard.

Et d'abord quels droits sont reconnus aux Français en France ?

On en distingue deux sortes : les droits publics et les droits privés. Les droits publics comprennent deux catégories de droits d'essence très différente.

Les uns, les droits publics proprement dits, « correspondant aux facultés naturelles, que tout homme a reçues avec la vie, et dont il ne dépend pas d'un législateur humain de contrarier le développement ou de refuser l'exercice, se résument en un mot, la liberté; et leur protection est le but nécessaire de toute organisation politique (1) ».

Les autres, plus spéciaux, impliquent une participation plus ou moins directe au gouvernement et à l'administration du pays : ce sont les droits politiques.

Les étrangers résidant sur le territoire français peuvent-ils invoquer les droits publics proprement dits et les droits politiques dont jouissent nos nationaux ?

Les droits publics proprement dits, ayant leur source dans la nature qui est la même pour tous, Français et étrangers, ne peuvent être refusés à l'étranger. C'est à bon droit que celui-ci se réclamera en tout pays, et notamment en France, des principes d'égalité et de liberté sur lesquels repose toute organisation sociale. La liberté individuelle et la liberté sous toutes ses formes lui est garantie, au même titre qu'au national, à la seule condition qu'il se conforme aux prescriptions légales qui intéressent l'ordre public et la sûreté de l'Etat dans lequel il réside. En France, une seule inégalité existe à ce sujet entre le national et l'étranger : elle réside dans le droit d'expulsion dont le le gouvernement français est armé à l'encontre de ce dernier, toutes les fois que sa présence paraît dangereuse pour l'ordre public (Loi des 3-11 décembre 1849).

---

(1) Weiss, *Cours de droit constitutionnel.* Introduction.

Les droits politiques, à la différence des droits publics proprement dits, impliquent une participation directe ou indirecte au gouvernement du pays. Ces droits sont de véritables fonctions publiques. Pour les exercer, il est nécessaire de connaître les intérêts et les besoins du peuple dont les destinées sont en jeu, et d'être soi-même intéressé à la prospérité et à la grandeur de l'Etat. Les droits politiques sont en quelque sorte les droits du citoyen; or, l'étranger n'étant pas citoyen, il doit être entièrement exclu de leur jouissance. Par suite, la clause de la nation la plus favorisée ne saurait, en aucune manière, toucher les droits politiques : leur nature même s'oppose à ce que l'étranger en bénéficie.

Quant aux droits publics proprement dits, par suite de la faculté d'expulsion dont est armé le gouvernement français. vis-à-vis des étrangers, ils sont susceptibles de plus et de moins, et la clause de la nation la plus favorisée peut être sur eux de quelque effet.

La France, dans plusieurs traités avec les Etats de l'Amérique du Sud, sans renoncer à son droit d'expulsion d'une manière absolue — ce qui serait souverainement imprudent — l'atténue en faveur des nationaux des puissances contractantes. Elle offre des garanties contre tout acte arbitraire. « Les citoyens respectifs ne pourront être « expulsés, ni même envoyés forcément d'un point à un « autre du pays par mesure de police ou gouvernementale, « sans motifs graves et de nature à troubler la tranquillité « publique, et avant que ces motifs et les documents qui « en font foi aient été communiqués aux agents diploma- « tiques ou consulaires de leurs nations respectives. Dans « tous les cas, il sera accordé aux inculpés le temps néces- « saire pour présenter ou faire présenter au gouvernement « du pays leurs moyens de justification. » Telle est la disposition qu'on rencontre, identique ou du moins analogue, dans les traités avec la Bolivie du 9 décembre 1834, avec l'Equateur du 6 juin 1843, avec le Honduras du 22 février 1855, avec le Pérou du 9 mars 1861, et avec quelques autres Etats de moindre importance. Cette disposition qui constitue un avantage au profit des nationaux boliviens, péruviens, etc., peut être invoquée par les nationaux des Etats qui se sont assuré le traitement de la nation la plus favorisée en ce qui concerne la condition juridique de leurs sujets. Parmi ces Etats, nous citerons la Grande-Bretagne (Convention du 28 février 1882, art. 1, § 3, qui règle non seulement les relations commerciales franco-anglaises, mais encore la résidence temporaire ou permanente, la jouissance de tous les droits ou privilèges légaux, comprenant le droit d'acquérir, de posséder, la libre disposition de la propriété, etc.), et la Suisse (traité du 23 février 1882, au sujet de l'établissement des Français en Suisse et des Suisses en France).

Ceci dit des droits publics, établissons maintenant l'influence que peut avoir la clause de la nation la plus favorisée sur les droits privés de l'étranger.

Par le seul fait qu'il existe, l'homme a des droits à exercer et des devoirs à remplir. Ces droits primordiaux, on les appelle droits naturels, parce qu'ils sont étroitement liés à la nature humaine, et parce qu'ils appartiennent à tout homme, en vertu de la même loi naturelle qui lui a donné l'existence.

A côté d'eux, d'autres facultés sont alors le produit d'un état social particulier. Aussi, tandis que les droits naturels, tels que le droit de mariage et de propriété, doivent en principe être reconnus partout aux étrangers comme une conséquence impérieuse de leur personnalité humaine, les législations réservent-elles aux seuls nationaux les droits de la seconde catégorie. Ce sont des droits moins essentiels, contingents souvent, et qui ne sont pas indispensables à l'existence. Ce n'est pas à dire que les étrangers doivent toujours être exclus de leur bénéfice : l'exclusion est une arme, dont l'Etat sur le sol duquel ils se trouvent est pourvu contre eux, mais dont son intérêt bien entendu lui conseillera d'atténuer les coups.

En un mot, la jouissance des droits naturels est le minimum de protection et de garanties que l'étranger puisse invoquer en dehors de son territoire national. Mais la jouissance des autres droits pourra lui être concédée au gré de l'Etat qui lui offre l'hospitalité, pourvu qu'ils soient compatibles avec le maintien de sa nationalité étrangère (1).

1° DROITS CONTINGENTS. — L'étranger ne peut prétendre, cela ne fait aucun doute, à des facultés égales à celles dont jouit le national.

Quelle est à ce sujet la législation française ?

Un seul texte — trop général, et peu précis — nous est fourni par le Code civil pour résoudre cette question. L'article 11 dispose que « l'étranger jouira en France des mêmes droits civils que ceux qui sont ou seront accordés aux Français par les traités de la nation à laquelle cet étranger appartiendra. »

Ce texte établit entre la France et les autres nations, au point de vue de leurs sujets, non une réciprocité de fait, mais une réciprocité diplomatique, c'est-à-dire une réciprocité ayant sa base exclusivement dans un traité ou une convention internationale. En d'autres termes, l'article 11 accorde aux étrangers (2) en France, la réciprocité des droits dont jouissent dans leur pays les Français, non en vertu des lois de ce pays, mais en vertu des traités conclus avec la nation à laquelle ils appartiennent.

_____

(1) WEISS, _Droit international privé_.

(2) Il est entendu que nous nous occupons seulement de l'étranger ordinaire qui n'a pas en France de domicile autorisé, et non de l'étranger autorisé par décret à fixer son domicile en France. La condition de ce dernier est déterminée par la loi du 26 juin 1889, partiellement insérée dans le Code civil, art. 13 : « L'étranger qui aura été autorisé par décret à fixer son domicile en France, y jouira de tous les droits civils. »

Qu'adviendra-t-il, s'il n'y a pas de traités? Etant donné les termes de l'article 11, tous les droits privés seront-ils indistinctement refusés aux étrangers? ou bien au contraire les étrangers seront-ils admis en France à la jouissance de tous les droits que la loi française ne leur aura pas retirés?

Trois systèmes ont été proposés à ce sujet.

D'après Demolombe, à défaut de convention, l'étranger ne jouit en France que des droits privés qui lui ont été expressément ou tacitement concédés par des textes spéciaux. Ce système nous paraît inacceptable, vu les conséquences qu'il entraîne. Il conduit en effet à décider que les étrangers ne peuvent pas, en l'absence d'un traité, devenir propriétaire en France. M. Demolombe répond à cette objection que le droit d'être propriétaire en France est tacitement reconnu à l'étranger par l'art. 3 § 2. Nous le voulons bien, mais rien ne prouve que ce texte, qui prévoit le cas où des immeubles seraient possédés par des étrangers, n'ait pas été écrit en vue même des cas où la jouissance de ce droit de propriété résulterait pour l'étranger d'un traité.

Un second système prétend que l'étranger jouit en France de tous les droits que la loi française ne lui retire pas ; quant à ceux qu'un texte de loi lui refuse, il n'en peut jouir qu'en vertu d'un traité. Cette argumentation nous paraît manifestement contraire, et au texte même de l'article 11, et au texte de l'article 13 qui, en accordant la jouissance de tous les droits civils à l'étranger domicilié en France en vertu d'une autorisation, laisse entendre non moins clairement que cette jouissance n'appartient pas à l'étranger non autorisé. C'est le système qu'allait consacrer une disposition de la loi du 26 juin 1889 — conçue en ces termes : « l'étranger jouit en France des droits civils dont il n'est pas privé par une disposition de la loi » — quand M. Sarrien, alors garde des sceaux, fit très justement observer qu'il serait contraire à la rubrique de la section 1 du chapitre II du Code civil (*De la privation des droits civils par la perte de la qualité de Français*), d'où il résulte qu'en perdant la qualité de Français, c'est-à-dire en devenant étranger, on perd la jouissance des droits civils.

Le troisième système, qui nous paraît bien préférable aux précédents, rallie la grande majorité des auteurs et la jurisprudence. L'étranger a des droits à faire valoir en France, même en dehors de toute autorisation législative ou diplomatique.

De ces droits, qui sont des droits naturels — par opposition aux droits civils — parce qu'ils dérivent du droit naturel ou du droit des gens, l'article 11 ne s'occupe pas ; l'étranger en a, dans tous les cas, la jouissance (1).

Par droits civils, le législateur a voulu désigner non plus tous les droits civils indistinctement, mais ceux seulement qui dérivent de la loi positive, du *jus civile* proprement dit, c'est-à-dire du *jus proprium civitatis*. Ce sont là les seuls droits qui ne puissent, en l'absence d'un traité, appartenir à l'étranger non admis à fixer son domicile en France.

---

(1) Les *Travaux préparatoires du Code civil* sont en faveur de ce système : « Nous traiterons les étrangers comme ils nous traiteront eux-mêmes, dit Portalis ; le principe de la réciprocité sera envers eux la mesure de notre conduite et de nos égards. Il est pourtant des droits qui ne sont point interdits aux étrangers ; ces droits sont tous ceux qui appartiennent bien plus au droit des gens qu'au droit civil, et dont l'exercice ne pourrait être interrompu sans porter atteinte aux diverses relations qui existent entre les peuples. » Siméon tient le même langage : « Ce qui caractérise essentiellement le droit civil, c'est d'être propre et particulier à un peuple, et de ne point se communiquer aux autres nations. *Quod quisque populus sibi jus constituit, id ipsius proprium civitatis est, vocaturque jus civile quasi jus proprium ipsius civitatis.* Au contraire, les effets du droit naturel se communiquent partout, à l'étranger comme au citoyen. Pour en jouir, il n'est pas nécessaire d'être membre d'une certaine nation plutôt que d'une autre : il suffira d'être homme. En un mot, le droit civil proprement dit est le droit de chaque cité ou de chaque nation ; le droit civil général est celui de tous les hommes. » Labbé. *Législation civile*, I, 330 ; II, 246.

Comme exemples de droits civils *stricto sensu*, auxquels fait allusion l'article 11, et dont les étrangers ne peuvent se prévaloir en l'absence d'un traité ou d'une convention internationale quelconque, nous citerons :

1° Le droit, pour une femme mariée, de se prévaloir de l'hypothèque légale de l'art. 2121 (Paris, 13 août 1889. D. 90, II, 161);

2° Le droit de plaider comme demandeur, sans être soumis à l'obligation de fournir la caution *judicatum solvi*;

3° Le droit, comme défendeur, d'exiger de son demandeur étranger la caution *judicatum solvi* (C. civ., art. 16) ;

4° Le droit pour le défendeur d'invoquer à son profit la règle *actor sequitur forum rei* (C. civ., art. 15);

5° Le droit, pour le demandeur, d'assigner devant le tribunal de son propre domicile le défendeur étranger (C. civ., art. 14).

Le bénéfice de ces divers droits est, en principe, réservé aux seuls Français. Mais, nous l'avons dit, les étrangers peuvent y être admis par traité ou entente internationale. Deux moyens s'offrent à eux pour en obtenir la jouissance : l'un direct, résultant de dispositions désignant expressément quelques-uns de ces droits ou les comprenant tous; l'autre indirect, résultant de la stipulation, pour leur condition juridique, du traitement de la nation la plus favorisée.

La stipulation de la clause de la nation la plus favorisée a fait naître à ce sujet certaines difficultés. Nous allons rapidement passer en revue les plus intéressantes d'entre elles, nous réservant de nous étendre plus longuement sur l'application qui a été faite de cette clause aux questions de compétence.

A. *Caution judicatum solvi.* — Les Français peuvent plaider devant les tribunaux français, sans être tenus de fournir caution. Cette obligation est imposée, au contraire, à l'étranger qui joue le rôle de demandeur dans un procès intenté devant un tribunal français ; elle résulte des articles 16 du Code civil et 166 du Code de procédure civile.

L'article 16 est ainsi conçu : « En toutes matières, l'étranger qui sera demandeur, principal ou intervenant, sera tenu de donner caution pour le paiement des frais et dommages résultant du procès, à moins qu'il ne possède en France des immeubles d'une valeur suffisante pour assurer ce paiement. »

L'article 166 du Code de procédure civile stipule la même obligation : « Tous étrangers demandeurs, principaux ou intervenants, seront tenus, si le défendeur le requiert, avant toute exception, de fournir caution de payer les frais et dommages-intérêts auxquels ils pourraient être condamnés. »

Une telle mesure — mesure de prudence — se justifie aisément. Le législateur a craint que l'étranger, que rien ne rattache au sol français, n'abuse, ne se joue trop facilement du Français ; que le procès qu'il lui intente ne soit injuste et vexatoire, et que, une fois débouté, il ne se soustraie, retournant dans son pays, au paiement des frais et dommages-intérêts auxquels il aurait été condamné. En un mot, le législateur a considéré l'étranger comme « sujet à ' caution ». Il exige donc de lui, si le demandeur le requiert, une caution qui garantisse le paiement des frais du procès mis à la charge de la partie perdante et des dommages-intérêts. On donne à cette caution le nom de caution *judicatum solvi*, parce qu'elle garantit *quod fuerit judicatum solvi*.

La caution, ainsi imposée à tout demandeur étranger devant un tribunal français contre un Français, est exigée aujourd'hui en toutes matières. L'art. 423 du Code de procédure civile consacrait autrefois une exception en matière commerciale (1). On redoutait toute entrave, si

_____

(1) « Les étrangers demandeurs ne peuvent être obligés, en matière de

légère fût-elle, apportée aux relations internationales de commerce. Cette exception a disparu depuis la loi du 5 mars 1895 qui a abrogé purement et simplement l'art. 423 du Code de procédure civile.

La caution prescrite par l'art. 16 du Code civil peut être remplacée par des garanties équivalentes, telles un gage en nantissement suffisant, la consignation d'une somme égale à celle jusqu'à concurrence de laquelle le tribunal a ordonné que la caution serait fournie, ou la justification faite par l'étranger qu'il possède en France des immeubles d'une valeur suffisante pour répondre du paiement de cette somme. C'est ce qui résulte de l'article 2041 du Code civil : « Celui qui ne peut pas trouver de caution est reçu à donner un gage en nantissement suffisant » ; de l'article 16 *in fine* du Code civil, d'après lequel la caution doit être fournie en toutes matières par tout étranger demandeur « à moins qu'il ne possède en France des immeubles d'une valeur suffisante pour assurer ce paiement » ; et de l'article 167 du Code de procédure civile : « Le jugement qui ordonnera la caution fixera la somme jusqu'à concurrence de laquelle elle sera fournie ; le demandeur qui consignera cette somme ou qui justifiera que ses immeubles situés en France sont suffisants pour en répondre, sera dispensé de fournir caution. »

Telles sont les seules exceptions légales à la caution *judicatum solvi*. Mais la dispense de fournir cette caution résulte de plusieurs traités diplomatiques, parmi lesquels nous citerons : le traité franco-sarde du 24 mars 1760, dont la jurisprudence est aujourd'hui unanime à étendre les

----

commerce, à fournir une caution de payer les frais et dommages-intérêts auxquels ils pourront être condamnés, même lorsque la demande est portée devant un tribunal civil dans les lieux où il n'y a pas de tribunal de commerce. »

effets à tout le Royaume d'Italie, le traité franco-suisse du 5 juin 1869, et le traité franco-serbe du 18 juin 1883.

Ce traitement de faveur, cette concession à des Italiens, Suisses et Serbes d'un de ces droits civils *stricto sensu*, réservés en principe aux seuls citoyens Français, peut être revendiqué par les nationaux d'Etats auxquels la France a concédé la clause de la nation la plus favorisée d'une manière générale, ou en désignant spécialement la condition juridique de l'étranger en France. Il est hors de doute, par exemple, que les Brésiliens sont dispensés de fournir la caution *judicatum solvi*. L'article 6 de la Convention franco-brésilienne du 8 janvier 1826 est assez explicite : « Les sujets de chacune des Hautes Parties Contractantes, en restant soumis aux lois du pays, jouiront, *en leurs personnes*, dans toute l'étendue des territoires de l'autre, des mêmes droits, privilèges, faveurs, exemptions, qui sont ou seraient accordés aux sujets de la nation la plus favorisée. Ils pourront librement disposer de leurs propriétés par vente, échange, donation, testament... (1) »

Il en est de même pour les Serbes auxquels le traité du 18 janvier 1883 accorde « les mêmes droits — excepté les droits politiques — et les mêmes privilèges qui sont ou seront accordés aux nationaux ou aux ressortissants de la nation la plus favorisée, à la condition toutefois de se soumettre aux lois du pays ».

Mais il ne saurait être question de faire produire effet, en matière de droits civils, de droits privés, à la clause de la nation la plus favorisée, stipulée exclusivement pour les relations commerciales et économiques de deux pays, comme dans l'article 11 du traité de Francfort. Aussi a-t-il

---

(1) La partie finale de cet article lèverait tous les doutes, s'il s'en produisait. Le traité franco-brésilien du 8 janvier 1826 ne règle pas exclusivement, comme on l'a prétendu, les relations commerciales entre la France et le Brésil.

été jugé qu'un Allemand ne pouvait échapper, en vertu de cet article, à l'obligation de fournir la caution *judicatum solvi* dont étaient exempts par traités antérieurs les sujets de plusieurs Etats (1).

B. — *Hypothèque légale de la femme mariée.* — L'article 2121 du Code civil donne à la femme, sur les immeubles de son mari, une hypothèque générale pour la sûreté des créances qu'elle a contre lui, par suite du mariage et des conventions matrimoniales. La femme étrangère jouit-elle du bénéfice de l'hypothèque légale sur les immeubles de son mari, situés en France ? Les auteurs sont divisés sur la question. La jurisprudence la résoud contre la femme, même dans le cas où la loi nationale des époux accorde à la femme mariée une hypothèque légale sur les biens de son mari, comme la loi française (2).

Nous croyons aussi que c'est bien un droit civil *stricto sensu*, dont les étrangers ne peuvent invoquer le bénéfice en France, qu'en vertu d'un traité.

Deux accords de ce genre ont été conclus par la France; ils reconnaissent expressément aux femmes appartenant à la nationalité des parties contractantes, le droit à l'hypothèque légale sur les biens de leurs maris. Ce sont : 1° le traité franco-sarde du 24 mai 1760, dont l'article 22 accorde aux sujets de chacune des deux nations contractantes la faculté d'acquérir des hypothèques légales, conventionnelles ou judiciaires, sur les immeubles dépendant du

---

(1) Tribunal de Bastia 29 avril 1873. D. 73, III, 79 (Cordua contre Montecatini) : « Attendu que l'article 11 du traité du 10 mai 1871, n'a stipulé les garanties y énoncées en faveur des sujets allemands que pour les affaires exclusivement commerciales ; qu'en toute autre matière, ils restent ainsi soumis au droit commun ; qu'il n'y a donc point de motifs pour que les sieurs Cordua et Cie soient dispensés de fournir la caution à laquelle ils sont tenus en leur qualité d'étrangers et de demandeurs... »

(2) Cass., 20 mai 1862. D. 62, I, 201 ; — 4 mars 1884, D. 84, I, 205. Dans le même sens : AUBRY et RAU, I, 304 et suiv. — DEMOLOMBE, I, n° 88.

territoire de l'autre nation (1) ; 2° le traité franco-suisse du
30 mars 1827 qui assure l'hypothèque légale aux femmes
des citoyens suisses sur les biens de leurs maris, situés en
France, et aux femmes françaises sur les biens de leurs
maris, situés en Suisse (2).

Quelle sera l'influence de la clause de la nation la plus
favorisée sur de semblables dispositions?

S'il ressortait des termes ou de la nature du traité dans
lequel elle est stipulée, que les parties contractantes ont
entendu régler la condition juridique de leurs sujets
respectifs, les conditions de leur établissement, nous
ferions, sans hésitation aucune, profiter la femme étrangère
du bénéfice de l'hypothèque légale.

Ainsi nous estimons que les Conventions d'amitié franco-
brésiliennes des 7 juin 1826 et 21 août 1828, dans lesquelles figure la clause de la nation la plus favorisée avec
un caractère général, donnent aux femmes brésiliennes le
droit de se réclamer du bénéfice de l'article 22 du traité
franco-sarde. De même, le traité du 23 février 1882, relatif
à l'établissement des Français en Suisse et des Suisses en
France, en stipulant (art. 6) la clause de la nation la plus
favorisée, donnerait, si elles ne l'avaient déjà par le traité
du 30 mars 1827, aux femmes françaises en Suisse et aux
femmes suisses en France, le droit de réclamer le bénéfice
de l'hypothèque légale accordée aux femmes italiennes.

On a voulu soutenir devant le Tribunal de la Seine (3)
que la clause de la nation la plus favorisée inscrite dans
plusieurs traités franco-turcs, notamment dans le traité de
Paris du 30 mars 1856 (art. 32) (4), donnait à la femme
ottomane droit à l'hypothèque légale sur les biens de

---

(1) Cass., 23 mai 1883. S. 83, I, 397.
(2) Clunet, *Journal du Droit international privé*, 1879, p. 392.
(3) Trib. Seine, 3 mars 1888. *Le Droit*, 25 mars 1888.
(4) Cpr. les traités des 25 juin 1802 (art. 9) et 25 nov. 1838 (art.1, *in fine*).

son mari situés en France comme aux femmes italiennes et suisses auxquelles des traités avaient formellement accordé ce privilège.

Voici dans quelles circonstances cette théorie fut présentée. Après la mort du général ottoman Mahmoud Ben Aïad, des immeubles importants situés à Paris avaient été vendus comme dépendant de la succession. Un acte de liquidation et de partage avait fixé les droits et attributions des héritiers, les deux fils Ahmed et Taher Ben Aïad. Un ordre fut ouvert quelque temps après et diverses productions furent faites, notamment au nom des créanciers personnels des deux frères Ben Aïad. Parmi les créanciers colloqués dans le réglement provisoire figurait la princesse Roukia, femme de Mahmoud Ben Aïad qui y avait été admise pour une somme de 2.109.099 francs, en vertu de l'art. 2121 du Code civil français. Les fils du général affirmèrent que la princesse ne pouvait se prévaloir en France de l'hypothèque légale. Le ministère public conclut de même en leur faveur, alléguant que la clause de la nation la plus favorisée, inscrite dans les traités de 1802, 1838 et 1856, ne visait que les matières commerciales et les rapports économiques des deux nations.

La jurisprudence s'opposait une fois de plus à l'extension exagérée et inconsidérée de la clause de la nation la plus favorisée.

C. — *La règle Actor sequitur forum rei : Compétence des tribunaux*. — Un principe domine toutes les questions de procédure : celui qui est inscrit dans l'art. 59 du Code de procédure civile. « En matière personnelle, le défendeur sera assigné devant le tribunal de son domicile. »

Conformément à cette règle, qu'énonce l'adage *Actor sequitur forum rei*, le Français, tenu d'obligation même envers un étranger, sera assigné devant un tribunal français, celui de son domicile. Et il en serait ainsi, alors même que l'obligation aurait été contractée en pays étranger. « Un Français, dit l'article 15 du Code civil, pourra être traduit devant un tribunal de France, pour des obligations par lui contractées en pays étranger, même avec un étranger ».

Cette disposition est inspirée par une idée de justice. Sans elle, l'étranger serait bien souvent dans l'impossibilité d'obtenir l'exécution des engagements contractés envers lui, lorsque son débiteur français n'a laissé hors de France ni biens ni domicile. De plus, le jugement prononcé en sa faveur par un tribunal étranger est soumis pour produire ses effets en France à une déclaration d'exequatur émanant de la justice française, qui s'arroge le droit de le réviser.

Il n'y avait d'ailleurs aucune raison pour déroger, dans les rapports d'un créancier étranger et d'un débiteur français, à la règle *Actor sequitur forum rei*, car le Français ne pouvait suspecter l'impartialité des juges de son pays, des juges de son domicile, ses juges naturels.

Le législateur français a considéré ce droit comme un droit civil *stricto sensu*, dont l'étranger serait privé à défaut d'un traité le lui concédant.

L'étranger, tenu d'obligation envers un Français, pourra dans tous les cas, que l'obligation ait pris naissance en France ou à l'étranger, être traduit devant les tribunaux français pour l'exécution de son obligation. C'est ce qui résulte de l'art. 14 ainsi conçu : « L'étranger, même non résidant en France, pourra être cité devant les tribunaux français, pour l'exécution des obligations par lui contractées en France avec un Français; il pourra être traduit devant les tribunaux de France pour les obligations par lui contractées en pays étranger envers des Français ».

Cette dérogation aux règles ordinaires de la compétence, au droit commun en matière de procédure, dont l'application aurait eu ici pour résultat d'obliger le Français à plaider devant un tribunal étranger, paraît avoir été écrite en vue de procurer au Français créancier d'un étranger une justice plus prompte et moins coûteuse : peut-être aussi a-t-elle été inspirée par un sentiment de défiance envers les tribunaux étrangers qui auraient pu faire souvent bon marché des droits les moins contestables de nos nationaux.

La compétence exceptionnelle, que l'article 14 attribue aux tribunaux français, se justifierait à la rigueur, lorsque l'obligation dont le Français poursuit l'exécution, a été contractée en France. On peut supposer en effet que, par cela seul qu'il a consenti à devenir le débiteur d'un Français, l'étranger a renoncé à ses juges naturels et accepté la compétence des tribunaux français pour tout ce qui est relatif à l'exécution de l'obligation. Mais cette supposition n'est plus admissible lorsque l'obligation a été contractée en pays étranger. Aussi une réforme législative s'impose-t-elle !

Nombre d'auteurs la réclament, s'appuyant sur les mesures de rétorsion que nous a values l'art. 14 *in fine.* Elle est inscrite dans le projet de revision du Code de procédure civile : la disposition que nous réprouvons ne sera plus opposée qu'aux étrangers dont la législation en contient une semblable à l'encontre des Français.

Critiquable ou non, cette disposition subsiste tant qu'elle n'aura pas été formellement abrogée. Jusqu'à cette date, le bénéfice de la règle *actor sequitur forum rei* ne s'appliquera qu'aux Français et aux seuls étrangers auxquels ce droit civil aura été concédé par traité.

La Convention du 15 juin 1869 entre la France et la Confédération Helvétique, relative à la compétence judiciaire et à l'exécution des jugements civils, apporte une dérogation importante à la règle inscrite dans l'article 14 du Code civil. L'article 1er porte en effet : « Dans les contestations en matière mobilière et personnelle, civile ou de commerce, qui s'élèveront soit entre Français et Suisses, soit entre Suisses et Français, le demandeur sera tenu de poursuivre son action devant les juges naturels du défendeur... Si le

Français ou le Suisse défendeur n'a point de domicile ou
de résidence connus en France ou en Suisse, il pourra être
cité devant le tribunal du domicile du demandeur. »

C'est la seule dérogation formelle à l'article 14 que nous
connaissions. Mais les Etats, qui ont stipulé pour leurs
nationaux le traitement de la nation la plus favorisée en
cette matière ou d'une manière générale, peuvent, eux
aussi, bien qu'indirectement, s'en prévaloir.

Ainsi, les Serbes, auxquels l'article 4 du traité du 18 janvier 1883 concède, à titre de réciprocité il est vrai, la clause
de la nation la plus favorisée, d'une manière si large
qu'elle s'applique à tous les droits concédés aux nationaux d'un Etat tiers, sont admis à revendiquer le traite-
tement de faveur dont bénéficient les Suisses.

Il en est de même des Persans qui ont obtenu de la
France, par le traité du 12 juillet 1855, l'assurance d'être
traités sur un pied d'égalité avec la nation la plus favorisée. L'art. 5 de ce traité porte : « En France, les sujets
persans seront, dans toutes leurs contestations, soit entre
eux, soit avec des sujets français ou étrangers, jugés suivant le mode adopté dans cet Empire envers les sujets
de la nation la plus favorisée. »

Les tribunaux ont eu à faire d'intéressantes applications
de la clause du traitement de la nation la plus favorisée
dans des questions de compétence.

La plus importante des décisions rendues dans cet
ordre d'idées est un arrêt de la Cour Suprême du 22 juillet
1886 qui a rejeté le pourvoi formé contre un arrêt de la
Cour d'appel de Paris du 5 mars 1885. Il s'agissait, dans
l'espèce, d'une demande de pension alimentaire formée
entre Brésiliennes, la mère et la fille. L'exception d'incompétence opposée par la défenderesse a été repoussée successivement par la 5ᵉ Chambre du Tribunal civil de la Seine (1)

(1) Tribunal de la Seine, 17 mai 1884. CLUNET, *Journal du droit international privé.* 1884. p. 617.   4

et par la Cour d'Appel. Le caractère même de la demande (1), joint à cette circonstance que les parties étaient domiciliées de fait en France, eût suffi, d'après le droit commun, à permettre aux juges français de retenir la cause. Pourtant le Tribunal de la Seine et la Cour de Paris se sont appuyés, pour motiver leur compétence, sur la disposition de l'article 6 du traité conclu entre la France et le Brésil, le 7 janvier 1826 : « Les sujets de chacune des Hautes Parties Contractantes, en restant soumis aux lois du pays, jouiront en leurs personnes, dans toute l'étendue des territoires de l'autre, des mêmes droits, privilèges, faveurs, exemptions qui sont ou seraient accordés aux sujets de la nation la plus favorisée. »

La solution du Tribunal de la Seine, que la Cour s'appropria, en confirmant le jugement par adoption de motifs, était la suivante, sur la question de compétence qui nous occupe : « Attendu qu'aux termes du traité intervenu entre la France et le Brésil le 7 janvier 1826, les sujets de chacune des Hautes Parties Contractantes jouiront...; — Attendu qu'en ce qui concerne la compétence, la nation la plus favorisée est la Suisse; — que l'article 2 du traité franco-suisse du 15 juin 1869 décide que, dans les contestations entre Suisses qui seraient tous domiciliés en France, le demandeur pourra saisir le tribunal du domicile du défendeur, sans que les juges puissent se déclarer incompétents en raison de l'extranéité des parties contractantes... »

Sur le pourvoi, la Chambre des requêtes est plus caté-

(1) La jurisprudence considère l'obligation alimentaire, soit comme dérivant du droit naturel, obligeant celui qui doit les aliments partout où il réside, soit comme constituant une loi de police et de sûreté, applicable à tous ceux qui résident sur le territoire, quelle que soit leur nationalité.
Paris, 29 septembre 1859. *Gazette des tribunaux*, 2 octobre 1859. — Trib. Seine, 14 août 1869. *Gaz. Trib.* 1er septembre 1869. — Trib. Seine, 10 mai 1876. *Gaz. Trib.* 15 juin 1876. — Voyez dans le même sens : RENAUD, *Revue critique*, XLIX p. 722; DEMOLOMBE I, n· 70; AUBRY et RAU, I. 82.

gorique encore. Elle déclare que « des dispositions combinées de l'article 6 du traité de 1826 et de l'art. 2 de la Convention diplomatique de 1869, il résulte que, dans les contestations entre Brésiliens qui seraient tous domiciliés en France, il est permis au demandeur de saisir le tribunal du défendeur, sans que les juges puissent refuser de juger et se déclarer incompétents à raison de l'extranéité des parties au procès... (1) ».

Nous conclurons de cette jurisprudence que, si le traité franco-suisse est applicable dans les contestations entre Brésiliens, le même traité devra également être appliqué dans les procès entre Français et Brésiliens, comme dans les litiges entre Français et Suisses. C'est dire, par conséquent, que le Brésilien ne pourra être assigné par le Français, en toutes matières, commerciale et civile, que devant le tribunal de son domicile, alors même que ce domicile serait au Brésil, car le traité franco-suisse déroge aux règles de l'article 14 du Code Civil (2).

Toutes les questions, souvent fort délicates, que soulève l'application du traité franco-suisse, en matière de compétence, doivent recevoir la même solution. La Cour de Cassation, par un arrêt en date du 1er juillet 1878, a en effet décidé que les demandes en séparation de corps étaient comprises dans les contestations auxquelles s'applique le traité.

Et nous trouvons pour le moins étrange la jurisprudence suisse qui, pour restreindre la portée générale du traité de 1869, prétend écarter les contestations en matière d'état, notamment les demandes en séparation de corps et en divorce, des « contestations en matière mobilière et personnelle. »

_____

(1) Cass. Requ., 22 juillet 1886. S. 87. I. 69.
(2) Trib. Versailles, 10 février 1882. CLUNET, *Journal du droit international privé*, 1883, p. 156. Besançon, 29 juin 1885, S. 86, II, 229.

. Si nous approuvons la jurisprudence qui s'est affirmée sur la portée de la clause du traitement de la nation la plus favorisée conçue en termes généraux, nous n'adhérons en aucune manière aux décisions rendues sur les effets de la même clause en matière de compétence, lorsqu'elle se rencontre avec un caractère spécial qui limite son application aux matières commerciales. On a prétendu notamment que la question de compétence doit être, sur le fondement de l'art. 11 du traité de Francfort, résolue dans un sens favorable à l'Allemagne. Plusieurs décisions judiciaires, sans donner à vrai dire de motifs, ont consacré, au profit des Allemands, le droit d'invoquer, en matière de compétence judiciaire, le traité franco-suisse du 15 juin 1869 — la nation la plus favorisée sur ce point étant la Suisse. Le Tribunal de commerce de Saint-Etienne en 1886, et le Tribunal de commerce de la Seine en 1882 (1) formulèrent cette jurisprudence qu'il serait souhaitable de voir réformer au plus vite.

Il s'agissait, dans la première affaire, d'un Allemand domicilié en Allemagne qui était assigné, en vertu de l'art. 11 du Code civil devant le Tribunal de Saint-Etienne, par un commerçant de cette ville, à l'occasion d'une livraison de marchandises qui n'avait pas été faite par le défendeur dans les conditions convenues. L'Allemand souleva l'exception d'incompétence, en se prévalant des dispositions du traité franco-suisse du 15 juin 1869, au bénéfice duquel il avait droit en matière commerciale, par application de la clause du traitement de la nation la plus favorisée. Le Tribunal a accueilli l'exception d'incompétence, l'Allemand défendeur étant domicilié en Allemagne.

Le Tribunal de commerce de la Seine appelé à statuer

---

(1) Trib. commerce St-Etienne, 20 juillet 1886. *Gazette des tribunaux*, 29 juillet 1886. — Trib. com. Seine, 29 mars 1888. *Le Droit*, 11 avril 1888.

sur la demande d'un Français contre un Allemand, a consacré la doctrine du Tribunal de Saint-Etienne et admis que « les Allemands, dans leurs rapports avec les Français, ayant droit au traitement de la nation la plus favorisée, sont régis, au point de vue de la compétence en matière commerciale, par le traité franco-suisse de 1869 ». Il repoussa pourtant l'exception d'incompétence, parce qu'il fut établi que le défendeur, quoique domicilié en Allemagne, avait une résidence à Paris où il avait loué un local et installé un dépôt, et fit application de la partie finale de l'article 1er du traité du 15 juin 1869, aux termes duquel, exceptionnellement, « l'action peut être portée devant les juges du lieu où le contrat a été passé, à la condition que les parties y résident au moment où le procès est engagé ». Ces décisions ne nous semblent en rien justifiées. Bien au contraire, elles donnent à l'article 11 une portée que condamnent à la fois et l'esprit et la lettre du traité.

Le premier alinéa de cet article dispose en effet que les gouvernements prendront pour base de leurs relations commerciales le traitement réciproque de la nation la plus favorisée ; il ne parle pas des relations d'individus à individus. Rien n'autorise donc à décider que le traitement de la nation la plus favorisée, pris pour base des relations commerciales, embrasse les règles de compétence.

D'ailleurs, en examinant attentivement l'ensemble de l'article 11, on remarque qu'il ne fait que remplacer les traités anéantis par la guerre. Or, la compétence des tribunaux n'avaient fait l'objet d'aucun accord antérieur.

Il nous est donc impossible d'admettre que le traité franco-allemand de 1871, puisse avoir la portée qu'ont voulu lui attribuer les Tribunaux de commerce de Saint-Etienne et de la Seine, et qu'il soit de nature à modifier, à l'égard des sujets allemands, les règles ordinaires et le droit commun en matière de contestations entre étrangers. Ce traité, à notre avis, n'a aucune portée en matière de législation civile, de compétence judiciaire et de jouissance des droits civils. « L'admission et le traitement des sujets des deux nations » ne comprennent que les règles usuelles des traités de commerce sur le droit d'acheter et de vendre, de faire des établissements commerciaux, etc. Il faudrait une clause formelle pour y faire rentrer les dispositions sur la compétence ou la procédure, qui ont un caractère spécial. Ce qui le prouve bien, c'est que les rapports de la France avec la Suisse sur ce point sont réglés par le traité du 15 juin 1869, alors qu'il y a entre les deux pays un traité spécial de commerce et d'établissement qui contient la stipulation d'avantages identiques à ceux qu'énonçait le traité avec le Zollverein. Et cependant on a cru, de part et d'autre, devoir régler la matière de la compétence par une Convention spéciale.

En outre, si l'article 11 avait réellement l'étendue que certaines décisions judiciaires lui attribuent, il n'y aurait aucune raison de refuser aux Allemands le droit d'invoquer à d'autres points de vue le traité franco-suisse de 1869, par exemple au point de vue de l'exécution des jugements. Or les parties elles-mêmes n'ont pas cru devoir reconnaître cette extension à l'article 11, puisqu'elles ont, par une Déclaration additionnelle séparée, remis en vigueur une Convention antérieure relative à cet objet, la Convention franco-badoise du 16 avril 1846.

Le Tribunal de commerce du Hâvre avait jugé plus sainement, quand il décida, en 1878, que les sujets d'Etats, auxquels des traités de commerce accordent soit le traitement des nationaux, soit le traitement de la nation la plus favorisée en matière de commerce et d'industrie, ne pouvaient bénéficier, dans les litiges commerciaux, des dispositions plus favorables contenues dans certains traités en matière de compétence.

Dans un litige où un Américain, assigné par un Français en matière maritime, prétendait échapper à l'application de l'article 14 du Code Civil, en invoquant les traités franco-américains de 1778, 1788, 1800, 1801 et 1853, combinés avec la Convention franco-suisse de 1869, ce Tribunal décida: « Que les traités existant entre la France et les Etats-Unis ne stipulent que pour ce qui est relatif au commerce et à la navigation; — que c'est pour cet objet seulement qu'ils disent que les H. P. C. jouiront des faveurs particulières accordées à une autre nation;.... — Que dès lors ces traités ne peuvent permettre aux citoyens américains de se prévaloir en France, à l'occasion des actions qui leur sont intentées par des Français, des dispositions du traité intervenu entre la France et la Suisse, pour régler certaines questions de compétence et d'exécution des décisions judiciaires (1) ».

2° Droits primordiaux. — A côté des droits que nous avons qualifiés contingents, et au-dessus d'eux, avons-nous dit, prennent place des droits primordiaux; et nous avons ajouté que l'homme quel qu'il soit s'en trouve investi par le seul fait de son existence. Ces droits — droit de mariage, droit de propriété, — droits naturels par opposition aux droits civils *stricto sensu* dont nous nous sommes occupés jusqu'ici, n'ont pas besoin d'être stipulés pour que l'étranger en jouisse. Aussi n'y a-t-il pas de traité qui l'autorise à se marier, à posséder. Il peut invoquer tous les droits dont le mariage et la propriété sont la source.

Mais si le droit de propriété de l'étranger est universellement reconnu comme droit naturel, du moins cette reconnaissance peut-elle être plus ou moins large et la protection qui en découle plus ou moins efficace.

_____

(1) *Recueil de jurisprudence du Hâvre*, 1889. p. 176.

Le droit spécial de propriété littéraire, artistique et industrielle notamment, a fait l'objet de conventions diverses garantissant à un degré variable cette protection aux auteurs. Et c'est précisément à ce titre — parce que des traités ont assuré aux nationaux de certains pays des avantages plus importants que ceux conférés aux nationaux d'autres pays, parce qu'en un mot ce droit est susceptible de plus ou moins de protection — que la clause de la nation la plus favorisée a été insérée dans les Conventions littéraires, artistiques et industrielles.

Ces Conventions sont toutes de date récente; c'est en vain qu'on en chercherait antérieurement à 1855. Les premières furent signés entre la France et les Pays-Bas, la Belgique et les Pays-Bas, en 1855 et 1858. En 1861, la clause de la nation la plus favorisée y était pour la première fois introduite.

Nous avons cru devoir réserver une place spéciale à la clause de la nation la plus favorisée appliquée en matière de propriété littéraire, artistique et industrielle, parce qu'on en a discuté l'opportunité en pareille matière et d'autre part qu'elle a fait sugir quelques difficultés intéressantes à mentionner.

Le premier exemple de Convention littéraire et artistique renfermant la clause de la nation la plus favorisée est présenté, avons-nous dit, par la Convention franco-belge du 1er mai 1861 (1), dont l'art. 1 *in fine* est ainsi conçu : *Tout privilège ou avantage qui serait accordé ultérieurement par l'un des deux pays à un autre pays, en matière de propriété d'œuvres de littérature ou d'art, dont la définition a été donnée dans le présent article, sera acquis de plein droit aux citoyens de l'autre pays.*

_____

(1) Convention conclue à Paris, le 1er mai 1861 entre la France et la Belgique pour la garantie réciproque de la propriété littéraire, artistique et industrielle. DE CLERCQ. *Recueil*, VIII, p. 264.

L'innovation fut diversement appréciée. Les uns la regardaient comme une garantie nécessaire à la propriété intellectuelle ; d'autres, au contraire, lui reprochant de donner, sans nécessité en cette matière, de l'instabilité aux droits qu'elle modifiait à chaque Convention nouvelle, y virent un emprunt malheureux fait aux traités de commerce. Il faut remarquer que, parmi les partisans de la clause de la nation la plus favorisée en matière économique et commerciale, beaucoup s'accordaient déjà pour réprouver son introduction dans les Conventions littéraires ou artistiques.

Assurément, dit-on, il importe à chaque pays que, dans un tarif douanier, un de ses voisins ne soit pas favorisé à son préjudice, que ses produits soient reçus sur les marchés étrangers avec les mêmes droits et les mêmes franchises ; il y va de son développement industriel et de sa vitalité économique. L'égalité en cette matière lui est nécessaire ; une inégalité de traitement au profit d'un Etat tiers, fût-elle de minime importance, entraînerait la ruine de son commerce et de son industrie.

Les productions littéraires et artistiques n'ont pas à craindre de concurrence qui ne se peut concevoir en matière intellectuelle ; l'inégalité de traitement ne saurait ici causer un préjudice quelconque. De ce que les œuvres espagnoles, par exemple, seraient moins bien garanties en France que les œuvres belges, le développement littéraire ou artistique de l'Espagne en serait-il de quelque manière paralysé ? Nullement ; pourquoi alors stipuler la clause de la nation la plus favorisée ?

D'ailleurs, et on insiste à ce sujet, les inconvénients de la clause se font particulièrement sentir. Elle donne lieu, dans la pratique, à des complications sans nombre, et cela sans grande nécessité. Chaque jour, des Conventions nouvelles sont signées ; les auteurs et les artistes doivent à tout instant se mettre au courant des progrès réalisés, car leurs droits peuvent se trouver modifiés sans que leur gouvernement soit partie à l'arrangement. Il faut donc consulter sans cesse les traités conclus et se rendre un compte exact de leurs dispositions, pour pouvoir invoquer le traitement le plus favorable. Ce sont là des difficultés pratiques considérables.

Les partisans de l'introduction de la clause dans les Conventions littéraires et artistiques ne nient pas ces difficultés; certains d'entre eux se sont préoccupés de les atténuer.

C'est ainsi qu'on a proposé de substituer la formule suivante à celle habituellement employée : « Si des privilèges ou avantages quelconques viennent à être accordés ultérieurement par l'un des deux pays à un autre, en matière de propriété d'œuvres de littérature ou d'art, chacune des parties contractantes s'engage à consacrer formellement, par une déclaration additionnelle transmise par voie diplomatique, lesdits privilèges ou avantages au profit de l'autre partie contractante. » On éviterait au moins les inconvénients qui résultent pour les auteurs et les tribunaux de l'obligation où ils sont de comparer entre elles les diverses dispositions des traités, éparses dans mille recueils.

Quoi qu'il en soit des inconvénients que présente la clause en cette matière, ses partisans voient en elle un moyen d'améliorer toujours la condition de l'artiste et de l'écrivain. « Elle crée un courant auquel les partis pris et « les mauvais vouloirs ont peine à résister : aussi la « doit-on sans réserve adopter (1). »

C'est sans doute cette considération qui l'a fait introduire dans un certain nombre de traités ayant pour but le réglement des rapports internationaux littéraires et artis-

_____

(1) BRICON. Thèse, Paris, 1888, p. 123.

tiques. Citons parmi les plus importants et les plus récents,
le traité franco-espagnol du 16 juin 1880 (art. 6); le traité
franco-belge du 31 octobre 1881 (art. 1 § 4), complété par la
Déclaration interprétative du 4 janvier 1882 relative aux
droits de traduction et de représentation en traduction des
œuvres dramatiques; le traité franco-suisse du 22 février
1882 (art. 1 § 6); le traité franco-allemand du 19 avril 1883
(art. 16 § 1) et le traité franco-italien du 9 juillet 1884
(art. 10).

Les dispositions de ces divers traités ne sont pas toutes
aussi explicites. Tandis que celle de la Convention franco-
suisse est conçue dans les termes les plus larges, fixant
que *tout privilège ou avantage qui est ou sera accordé par
la France à un autre pays, en matière de propriété d'œuvres
de littérature et d'art, dont la définition a été donnée par le
présent article § 1 sera acquis de plein droit aux citoyens
suisses*, d'autres, comme les traités franco-espagnol et
franco-belge, paraissent ne reconnaître que le droit aux
avantages accordés ultérieurement. Le premier formule
ainsi la clause de la nation la plus favorisée : *Il est entendu
que si l'une des Hautes Parties Contractantes accordait à un
Etat quelconque, pour la garantie de la propriété intellectuelle,
d'autres avantages que ceux qui sont stipulés dans la présente
Convention, ces avantages seraient également concédés dans
les mêmes conditions à l'autre Partie Contractante.* L'art. 1 § 4
de la Convention franco-belge de 1881 — disposition
d'ailleurs exactement reproduite de la Convention du
1er mai 1861, art. 1 *in fine* — paraît plus explicite dans la
restriction : *Tout privilège ou avantage qui serait accordé
ultérieurement par l'un des deux pays à un autre, en
matière de propriété d'œuvres de littérature ou d'art, dont la
définition a été donnée dans le présent article, sera acquis de
plein droit aux citoyens de l'autre pays.*

D'après les deux dernières dispositions, on serait tenté
de conclure que les auteurs et artistes ne sont admis à se

prévaloir que des avantages résultant de Conventions
conclues postérieurement à l'arrangement où se trouve
inscrite la clause de la nation la plus favorisée. Il n'en est
rien ; les avantages entrent tous en ligne de compte, sans
qu'il y ait lieu de distinguer entre ceux accordés par des
Conventions postérieures et ceux résultant de Conventions
antérieures à l'arrangement. La distinction n'aurait aucune
raison d'être.

Des termes de tous les traités que nous avons signalés,
il résulte que les intéressés peuvent réclamer une extension
de leurs droits en s'appuyant, non seulement sur les traités
signés par la nation dont ils tiennent le bénéfice de la
clause, mais sur les simples lois édictées par elle en faveur
des étrangers. Que les avantages dérivent d'une loi, ou
qu'ils aient leur base dans un traité, quand il n'y a pas de
stipulation contraire, les droits des auteurs sont les mêmes.

La clause de la nation la plus favorisée, appliquée à la
propriété littéraire et artistique, peut être invoquée en toute
hypothèse, qu'il s'agisse des droits de réimpression ou de
traduction, d'exécution et de représentation. Les termes
mêmes de l'art. 1 § 1 autorisent cette assertion.

La largeur des expressions employées pour définir la
propriété des œuvres de littérature ou d'art, indiquent
suffisamment que la clause peut être invoquée tant à l'encontre des reproductions et représentations textuelles que
des simples utilisations.

Une dernière difficulté a surgi à propos de l'interprétation à donner à certaine disposition des Conventions
littéraires et artistiques. On a dit : Les Conventions avec
la Belgique, la Suisse et l'Allemagne portent expressément
que les effets de la clause de la nation la plus favorisée se
produisent *de plein droit*; pourquoi celles avec l'Espagne et
l'Italie ne contiennent-elles pas de disposition analogue,
aussi catégorique? Les articles 6 du traité franco-espagnol du 16 juin 1880, et 10 du traité franco-italien du

3 juillet 1884, disposent également et dans les mêmes
termes que *si l'une des H. P. C. accordait à un État quelconque pour la garantie de la propriété intellectuelle, d'autres
avantages que ceux qui sont stipulés dans la présente Convention, ces avantages seraient également concédés dans les
mêmes conditions à l'autre Partie Contractante.* Il n'y a pas
ici la netteté, la précision, que nous trouvons par exemple
dans l'art. 1 § 4 de le la Convention belge de 1881. Serait-ce
donc qu'il y ait une différence à établir entre Belges, Suisses,
Allemands d'une part, et Espagnols, Italiens d'autre part ?
Nous ne le croyons pas, estimant, et jusqu'à preuve du
contraire, qu'on n'a point voulu consacrer une distinction
que ne révèlent pas assez les termes employés.

On s'est demandé aussi quelle conséquence résultait de
cette stipulation que la clause produisait effet *de plein
droit.* Certes, il est étonnant que pareille discussion ait
pu surgir, car le sens des expressions est bien simple. Dire
qu'un fait se produit *de plein droit*, c'est dire qu'il existe,
par sa propre force, sans aucun secours extérieur ; spécialement dans notre hypothèse, c'est dire que l'intéressé peut,
de lui-même, de son initiative privée, invoquer le traitement de la nation la plus favorisée. Un autre système a
pourtant été présenté au cours des deux procès dont
nous allons parler, et qui ont été engagés en Belgique par
des auteurs dramatiques français. Il consistait à soutenir
que la clause donnait seulement au gouvernement étranger
le pouvoir de réclamer en faveur de ses sujets, la signature
d'une Convention qui consacrerait les améliorations réa-
lisées. Cette opinion a été repoussée par les tribunaux, et
à juste titre, car, dans les conventions, on doit toujours
supposer que les termes employés ont reçu leur sens
naturel. Ici la question ne pouvait faire de doute.

C'est la clause de la nation la plus favorisée, insérée dans
la Convention franco-belge du 1er mai 1861, qui permit aux
auteurs dramatiques français d'interdire la représentation

en Belgique de leurs œuvres, sans leur autorisation, alors que la Convention, prise isolément, permettait de représenter les œuvres dramatiques moyennant le paiement de droits d'auteur déterminés. L'art. 4 § 2 de cette Convention portait : *Le droit des auteurs dramatiques ou compositeurs, sera perçu d'après les bases qui seront arrêtées entre les parties intéressées ; à défaut d'un semblable accord, le taux exigible de ce droit ne pourra respectivement dépasser les chiffres suivants....* Ainsi le seul paiement des droits d'auteurs donnait aux entrepreneurs de spectacles publics, le droit de représenter en Belgique toute œuvre française. L'autorisation des auteurs n'était pas nécessaire, et, sous réserve d'acquitter les droits dont la quotité était déterminée, les œuvres tombaient en quelque sorte dans le domaine public : c'était évidemment une restriction au droit de propriété littéraire.

Jusqu'en 1865, et tant que la Belgique n'eut pas conclu, avec d'autres nations, de traités plus favorables que celui de 1861, les tribunaux belges, s'en tenant à la Convention franco-belge, ne pouvaient donc débouter les auteurs qui, n'ayant pas été consultés pour la représentation de leurs œuvres, se prétendaient lésés. Mais en 1865, 1866 et 1867, la Belgique qui passe avec la Prusse, le Portugal et la Suisse plusieurs Conventions, n'y insère pas la restriction au droit de propriété contenue dans l'art. 4 § 2 de la Convention franco-belge de 1861 ; il n'est plus question du tarif moyennant lequel les entrepreneurs de spectacles publics peuvent librement représenter les œuvres dramatiques étrangères. C'était reconnaître le droit de propriété absolue des œuvres de l'intelligence, avec toutes ses conséquences : obligation pour les entrepreneurs de spectacles publics de se munir préalablement de l'autorisation des auteurs dont ils voulaient représenter les œuvres, et droit pour ceux-ci de s'opposer à ces représentations.

Malgré ces Conventions, qui dataient, celle avec la Prusse du 24 juin 1865, celle avec le Portugal du 11 octobre 1866, les tribunaux belges ne crurent pas, tout d'abord, devoir tenir compte des améliorations qu'elles consacraient. Et les arrêts suivants, mettant fin à des procès engagés alors que de nouvelles concessions avaient été faites, que des avantages et privilèges supérieurs à ceux qui existaient antérieurement avaient été concédés, sont pour étonner.

Un directeur de théâtre à Bruxelles, M. E. Devil, avait représenté, sans autorisation des auteurs, une opérette d'Offenbach, à laquelle avaient collaboré MM. Henri Meilhac et Ludovic Halévy. Ceux-ci, sur ce que la Belgique avait manifestement accordé à d'autres pays des privilèges et avantages, prétendirent que ces privilèges et avantages leur étaient acquis, à eux Français, de plein droit, en vertu de la disposition finale de l'art. 1 de la Convention franco-belge de 1861 qui reconnaissait aux Français le droit d'être traités comme les auteurs de la nation la plus favorisée. Le Tribunal civil de Bruxelles, d'abord, rejeta leurs prétentions, par jugement du 24 juillet 1865 : « Attendu que les auteurs ne peuvent prétendre qu'à la perception du droit sur le pied du tarif, et qu'ils ne sont point fondés à interdire l'exécution en Belgique de leurs œuvres publiées pour la première fois en France... »

Sur appel des intéressés, la Cour de Bruxelles, par un arrêt du 22 février 1866, confirma le jugement du 24 juillet 1865, et la Cour de Cassation belge, le 3 novembre 1866, jugeait dans le même sens par le considérant suivant : « Attendu que l'art. 4 § 2 de la Convention franco-belge du 1er mai 1861, qui fixe le taux des droits à payer aux auteurs, est inconciliable, eu égard à son texte et à la pensée générale qui domine le traité, avec le droit d'interdire la représentation de leur œuvre que revendiquent les demandeurs en Cassation... »

Forts de cette jurisprudence, et s'appuyant toujours sur

la disposition de l'art. 4 § 2 de la Convention franco-
belge, les directeurs de théâtre continuèrent à prétendre
que les auteurs n'avaient pas le droit de s'opposer à la
représentation de leurs œuvres, quand on leur assurait le
paiement des indemnités fixées par le tarif.

L'évolution de la jurisprudence se fit pourtant, et, chose
curieuse, sous la pression même de l'opinion publique
belge. On admit enfin que la disposition de l'art. 4 § 2 de
la Convention franco-belge de 1861, n'ayant pas été reproduite dans les Conventions que la Belgique avait conclues
avec d'autres nations, notamment en 1866 avec le Portugal
et en 1867 avec la Suisse, n'était plus opposable aux
auteurs dramatiques français, à raison même de la disposition finale de l'art. 1er de la Convention franco-belge, qui
les autorisait à revendiquer tout avantage qui serait ultérieurement accordé à une autre nation.

Ce fut le célèbre procès, intenté en 1879 par MM. Emile
Zola et Busnach à M. Driessens, directeur du Théâtre Flamand, à Anvers, qui donna à la jurisprudence l'occasion
de s'affirmer enfin conforme à l'équité.

M. Driessens avait fait traduire en flamand et représenter l'*Assommoir* sur le théâtre qu'il dirigeait. MM. Emile
Zola et Busnach, auteurs de l'œuvre, virent dans ce fait
une atteinte aux droits que consacrait au profit des écri-
vains français la disposition finale de l'art. 1er de la Convention franco-belge du 1er mai 1861 et assignèrent
M. Driessens devant le tribunal d'Anvers, en paiement de
dommages-intérêts. Le tribunal, s'appuyant sur le jugement de 1865 et les arrêts d'Appel et de Cassation de 1866,
donna gain de cause au directeur du théâtre. Mais sur
appel interjeté par les auteurs, la Cour de Bruxelles rendit
un arrêt infirmatif, fortement motivé, qui fixait désormais
la jurisprudence. Le dispositif est trop explicite pour n'en
pas citer les principaux considérants : « Attendu que
l'art. 4 de la Convention du 1er mai 1861 avait créé un tarif

des droits dûs à l'auteur dont la pièce avait été représentée ; que, moyennant paiement de la somme indiquée par cet article, tout directeur de théâtre pouvait faire jouer une œuvre dramatique française, sans même s'assurer du consentement de l'auteur ; — Attendu que ce tarif n'a été reproduit, ni dans la Convention du 11 octobre 1866, conclue entre la Belgique et le Portugal, ni dans celle du 25 avril 1867, conclue entre la Belgique et la Suisse ; — Attendu qu'il résulte donc de ces deux Conventions que les pièces suisses ou portugaises ne peuvent être jouées en Belgique que du consentement de leurs auteurs, dont les droits sont les mêmes que ceux des nationaux ; — Attendu que cette situation est évidemment plus favorable pour les auteurs dramatiques que celle créée par la Convention du 1er mai 1861 ; que dès lors, les auteurs français peuvent en invoquer le bénéfice aux termes du paragraphe final de l'art. 1er de ladite Convention... ; — Attendu que les Français doivent donc profiter en Belgique, quant au droit de représentation, de tous les privilèges et de tous les avantages accordés ultérieurement par un autre traité à la nation la plus favorisée... (1) ».

La reconnaissance de leurs droits, qu'obtinrent enfin les auteurs français, nous paraît suffisamment justifier l'admission de la clause de la nation la plus favorisée dans les Conventions ayant pour objet la garantie de la propriété littéraire et artistique.

Que la clause ait encore ici des inconvénients, nous l'admettons parfaitement ; on a eu tort du moins, à notre avis, de vouloir reprendre ceux très réels qu'elle présente, en matière économique, dans les traités de commerce. Sans doute, elle crée toujours l'instabilité des droits ; mais cette instabilité qui affecte les droits de propriété littéraire

_____

(1) *Annales de la propriété industrielle, 1880*, p. 327.

et artistique présente-t-elle des inconvénients compa-
rables à ceux que provoque l'instabilité en matière douanière ? C'est, rappelons-le en passant, le reproche capital
que nous ayons adressé à la clause inscrite dans les traités
de commerce; l'instabilité revêt alors une gravité exceptionnelle, elle peut entraîner la ruine économique d'une
nation.

Mais les changements, fussent-ils même constants, des
droits de garantie de la propriété littéraire et artistique
ne font jamais empirer la condition de l'artiste ou de
l'écrivain, condition qui, par le jeu de la clause de la
nation la plus favorisée, va toujours s'améliorant. Les
auteurs, pour faire valoir leurs droits, n'ont, après tout,
qu'à se tenir au courant des avantages inscrits dans les
diverses Conventions. Qu'il y ait parfois à cela des difficultés, c'est possible; mais on chercherait en vain un
préjudice quelconque causé par ces variations perpétuelles
des règles internationales garantissant le droit de propriété littéraire et artistique.

CHAPITRE II

**La condition juridique des personnes morales étran-
gères, spécialement des sociétés commerciales, et
la clause de la nation la plus favorisée.**

Nous ne nous sommes occupés jusqu'ici que des personnes réelles et physiques dont les droits, avons-nous
dit, peuvent être plus ou moins étendus par le simple jeu
de la clause de la nation la plus favorisée.

Mais, à côté des personnes physiques, à côté de l'homme
dont l'individualité s'impose en quelque sorte à la loi,

apparaissent certains êtres qui, tout en étant dépourvus de réalité physique, sont capables d'avoir des droits et des obligations. Ces êtres fictifs, irréels, portent le nom de personnes morales ou de personnes civiles; ils tiennent, d'une disposition législative ou administrative, leur individualité, leur personnalité et tous les droits dont il ont la jouissance.

Ces personnes, qui n'existent pas par elles-mêmes, peuvent-elles invoquer en pays étranger les droits que leur législation nationale leur concède? Et, dans l'affirmative, quelle influence peut avoir sur ces droits la clause de la nation la plus favorisée?

La difficulté naît de ce que la personne morale, individualisée par l'Etat en vue d'un but déterminé, spécial — but que lui seul, Etat créateur, a apprécié, — semble bien ne pas avoir d'existence juridique en dehors des frontières du pays où elle a été organisée.

Nous croyons donc qu'en principe ces êtres fictifs, irréels, n'ont aucune personnalité à l'étranger. Dépourvus de personnalité, ils n'ont pas de droits: la clause de la nation la plus favorisée ne saurait donc en aucune façon les toucher.

Une exception doit néamoins être faite en faveur d'une catégorie particulière de personnes morales, d'utilité internationale pourrait-on dire, qui, pour cela même, ont reçu fréquemment à l'étranger confirmation de l'existence et des droits qu'elles tenaient du pays qui les a vu naître: nous voulons parler des sociétés commerciales.

De ce fait, le jeu de la clause de la nation la plus favorisée peut influer considérablement sur la condition, l'étendue des droits, et l'existence même des sociétés commerciales situées en pays étranger. L'Allemagne l'a nié, nous allons voir dans quelles ciconstances. La question est assez inéressante pour que nous nous y arrêtions un instant.

Si nous nous sommes élevés contre l'extension inconsidérée qu'on a parfois essayé de donner à la clause de la nation la plus favorisée, contre une portée qu'on a voulu lui reconnaître et qu'elle n'avait pas en réalité ; si nous avons rejeté une jurisprudence qui s'appuyait sur cette clause stipulée en matière exclusivement douanière, économique ou commerciale, pour trancher des questions de droit privé ; nous réprouvons non moins formellement une restriction injustifiée des effets qu'elle doit produire. Qu'on n'élargisse pas le sens et la portée de la clause de la nation la plus favorisée, c'est notre manière de voir; du moins, qu'on ne se refuse pas à admettre les conséquences qu'elle entraîne, une fois stipulée.

L'article 11 du traité de Francfort, après avoir établi que *le gouvernement français et le gouvernement allemand prendraient pour base de leurs relations commerciales le régime du traitement réciproque sur le pied de la nation la plus favorisée*, développait cette proposition, ajoutant pour plus de clarté : *Sont compris dans cette règle les droits d'entrée et de sortie, le transit, les formalités douanières,* L'ADMISSION ET LE TRAITEMENT DES SUJETS DES DEUX NATIONS *ainsi que de leurs agents.*

Sans doute, le premier paragraphe ne réglait que la question douanière : à charge de réciprocité pour les importateurs allemands en France, les négociants français, importateurs en Allemagne, bénéficieront des abaissements et suppressions de droits que l'Empire d'Allemagne concéderait ou aurait déjà concédés aux importateurs d'autres pays limitativement énumérés au paragraphe 3 (Angleterre , Autriche. Belgique, Pays-Bas, Suisse et Russie).

Mais, en poursuivant la lecture de l'article, on s'aperçoit qu'il a une portée plus large, et que les plénipotentiaires ont tenu à régler aussi le sort des Français résidant en Allemagne et des Allemands résidant en France, au point de vue commercial du moins. Dans les deux pays signataires du traité, les nationaux seront respectivement traités comme les étrangers les plus favorisés. Ils n'auront à payer aucune taxe qui ne serait exigée de ceux-ci. Non-seulement ils sont garantis contre toute mesure vexatoire que les autres n'encourraient pas, mais ils profiteront *ipso facto* de toutes faveurs accordées aux résidents des Etats déterminés par le paragraphe 3 de l'art. 11.

La disposition du § 2 de l'article 11 était assez explicite. Elle l'était trop pour le gouvernement allemand qui trouva le moyen de la tourner à son profit quand il voulut interdire les sociétés françaises en Alsace-Lorraine. Il était, en effet, bien difficile de faire admettre qu'un principe, établi pour servir de base aux relations commerciales des deux pays, ne dût pas s'appliquer précisément aux agents les plus puissants de ces relations, c'est-à-dire aux sociétés commerciales.

La situation, très forte en Alsace-Lorraine, des Compagnies françaises d'assurances gênait le développement des sociétés allemandes. Le gouvernement allemand qui n'avait pas inquiété les premières après l'annexion à l'Allemagne des provinces françaises, et les avait laissé continuer leurs opérations (1), vit à cette situation un danger.

---

(1) Bien mieux, le gouvernement allemand avait régularisé lui-même leur situation. Un arrêté du Président Supérieur des Provinces Annexées, en date du 19 juillet 1872, décidait que rien n'entraverait, dans les pays d'Empire, les opérations des Compagnies d'assurances étrangères qui auraient rempli certaines formalités déterminées, telles que la preuve d'une constitution conforme à leur loi originaire, la nomination d'un représentant responsable, et la présentation annuelle à l'administration d'un compte rendu de leurs opérations, toutes mesures d'ordre public et par suite très naturelles. Au surplus, voici les termes mêmes de cet arrêté, tel que le porte à la connaissance du public une Circulaire du préfet du Bas-Rhin.

« Par arrêté de M. le Président Supérieur du 19 juillet, il a été décidé « que rien n'entravera les opérations des Compagnies d'assurances étrangères « dans le pays d'Empire, si elles se conforment aux conditions suivantes : « 1· d'avoir rempli les conditions de leur pays d'origine; 2· d'établir un

Le 11 mars 1881, le sous-secrétaire d'Etat à l'intérieur, M. de Pommer-Esche, prenait un arrêté qui enjoignait aux Compagnies d'assurances étrangères non autorisées, d'avoir à cesser l'exercice de leur industrie en Alsace-Lorraine et de fermer leurs agences au 1er mai suivant. La Circulaire, adressée aux Présidents des départements chargés d'en poursuivre l'exécution, rappelait que c'était une simple tolérance du pouvoir central dont avaient jusqu'ici bénéficié les Compagnies étrangères, — tolérance qui n'avait plus de raison d'être depuis la fondation de « sociétés indi- « gènes qui offrent infiniment plus de garanties pour l'exé- « cution des polices d'assurances que celles dont la fortune « est à l'étranger... Leur exploitation offre l'avantage de « faire rester dans le pays les primes payées par les habi- « tants... » Le document d'ailleurs ne se bornait pas à ces considérations théoriques. Abordant le côté légal de la question, M. de Pommer-Esche rappelait que, d'après la loi française du 30 mai 1857 (1) et le décret du 19 décembre

---

« représentant demeurant en Alsace-Lorraine responsable vis-à-vis des auto- « rités; 3· d'avoir, pour leurs affaires dans ce pays, élu domicile en Alsace- « Lorraine par acte notarié dûment enregistré, à publier par M. le Prési- « dent Supérieur aux frais des Compagnies; 4· de présenter annuellement « au Président de leur département un compte rendu de leurs opérations. « En conséquence, toutes les Compagnies d'assurances étrangères, qui ont « des agents en Basse Alsace, sont invitées à fournir, dans le délai d'une « semaine à dater de ce jour, la preuve qu'elles se sont conformées aux « conditions des articles 1 à 3 ci-dessus, et à déclarer qu'elles sont prêtes à « l'accomplissement de la condition 4 subséquente. A défaut de quoi, la « continuation de leurs affaires pourra être interdite. » CLUNET, *Journal du droit international privé* 1883, p. 317.

(1) La loi du 30 mai 1857 ne visait que les sociétés commerciales belges. Elle était ainsi conçue : « Art. 1er. Les sociétés anonymes, et autres associa- tions commerciales industrielles et financières, qui sont soumises à l'autorisa- tion du gouvernement belge et qui l'ont obtenue, peuvent exercer tous leurs droits et ester en justice en France, en se conformant aux lois de l'Empire. — Art. 2. Un décret impérial, rendu en Conseil d'Etat, peut appliquer à tous les autres pays le bénéfice de l'article 1er ». En fait, le gouvernement français

1866 combinés, pour qu'une société étrangère, valablement reconnue par son gouvernement, pût fonctionner en France, il fallait une autorisation formelle émanant soit de conventions internationales conclues avec le pays d'où elle est originaire, soit d'un simple décret du souverain. Or cette loi, étant demeurée en vigueur dans l'Alsace-Lorraine, toutes les sociétés étrangères — et les sociétés françaises devaient être regardées comme telles — avaient à s'y conformer.

Les représentants des Compagnies françaises — les seules visées en réalité — adressèrent au sous-secrétaire d'Etat une pétition pour protester contre l'arbitraire et l'illégalité de cette mesure. Leurs réclamations furent d'autant plus vives que les motifs allégués par le sous-secrétaire d'Etat leur faisaient prévoir un refus d'autorisation. Leur argumentation reposait , pour les sociétés antérieures à la loi française du 24 juillet 1867, sur le décret rendu lors de leur formation par le gouvernement français — décret qui devait désormais les couvrir — pour les autres constituées après 1867 (1), sur les droits acquis à l'époque de l'annexion, dont un changement de souveraineté ne pouvait les priver. Enfin, ils se prévalaient du droit au traitement de la nation la plus favorisée que leur concédait l'article 11 du traité de Francfort : or, par traité conclu avec l'Autriche, le 16 décembre 1878, l'Allemagne ayant reconnu aux sociétés anonymes, aux sociétés par actions en commandite et aux Compagnies d'assurances de toutes sortes existant légalement en Autriche, le droit de fonctionner en Allemagne, dans les conditions des lois et règlements qui y sont en vigueur, les sociétés fran-

---

a très souvent usé de la faculté que lui laisse l'art. 2 de la loi de 1857. Les sociétés commerciales autorisées en Prusse ont été admises à exercer leurs droits en France par le décret du 19 décembre 1866.

(1) La loi du 24 juillet 1867 avait supprimé la formalité étroite et peu libérale de l'autorisation.

çaises étaient autorisées à revendiquer le même bénéfice
(art. 19).

La réponse du sous-secrétaire d'Etat ne se fit pas
attendre. A la pétition qu'il recevait le 27 mars, M. de
Pommer-Esche opposait une fin de non-recevoir, celle-là
non motivée. Sans même prendre la peine de réfuter les
arguments produits par les représentants des Compagnies
d'assurances françaises, il affirmait que l'administration
n'avait aucune différence à faire entre les Compagnies dont
la création était antérieure à 1867, et celles constituées
depuis : les unes et les autres devaient suspendre leurs
opérations. Quant à la clause de la nation la plus favorisée
inscrite dans l'article 11 du traité de Francfort, elle était
dans l'espèce sans application ; son extension au régime
des sociétés n'avait jamais été dans la pensée des signataires du traité.

Les Compagnies d'assurances françaises décidèrent de
passer outre, et la Compagnie « Le Phénix » assigna un
Strasbourgeois, M. May, en paiement de primes échues en
1881. Celui-ci motivait son refus de payer sur ce que
l'Arrêté du 11 mars 1881 avait eu pour effet d'annuler le
contrat d'assurance intervenu entre lui et la Compagnie
demanderesse, laquelle n'avait plus d'existence légale. Ces
prétentions furent accueillies successivement par le Tribunal civil de Strasbourg, et en appel, par le Tribunal
régional supérieur de Colmar, qui, reprenant les arguments
de la Circulaire du sous-secrétaire d'Etat, déboutèrent la
Compagnie de sa demande par ces motifs, que la loi française du 30 mai 1857 était toujours en vigueur en Alsace-
Lorraine , et que l'Arrêté du Président supérieur du
19 juillet 1872, ne créant qu'une simple tolérance, n'avait
pas pu avoir pour résultat de suppléer à l'autorisation
exigée par la loi pour que la société pût valablement fonctionner. En même temps, on refusait à la Compagnie, ainsi
qu'à toutes autres sociétés anonymes françaises, le droit
d'ester devant les tribunaux du Reichsland.

La Compagnie « Le Phénix » se pourvut en revision contre le jugement du Tribunal de Colmar (12 décembre 1881).

Le Tribunal d'Empire de Leipsig, appelé à statuer, rendit un jugement atténuatif, dans une certaine mesure, des conséquences désastreuses que l'Arrêté du 11 mars entraînait pour les Compagnies d'assurances françaises. Il reconnaissait (14 avril 1882), la parfaite validité des conventions passées, sous l'empire du système de tolérance consacré par l'arrêté de 1872, avant la date de la publication de l'arrêté de 1881. Or, celle qui faisait l'objet du procès, se trouvant dans ces conditions, devait recevoir sa pleine exécution. « Qu'à supposer que la loi du 30 mai 1867, « n'eût pas été abrogée par la loi du 24 juillet 1867, l'Arrêté « du 11 mars 1881 n'a pas pu avoir d'effets rétroactifs ; — « Que l'arrêté du 19 juillet 1872 avait autorisé toutes les « Compagnies d'assurances étrangères à opérer en Alsace-« Lorraine, et que, même en admettant que cet arrêté n'eut « pas remplacé le décret nécessaire aux termes de la loi « du 30 mai 1857, néanmoins il avait eu pour conséquence « de créer, au profit des sociétés françaises, une possession « d'état susceptible de leur assurer une capacité contrac-« tuelle et juridique... (1) ».

Cette reconnaissance des droits des Compagnies créées antérieurement au décret de 1881, et, en l'espèce, des droits de la Compagnie « Le Phénix », ne suffisait pas ; la question de principe, qu'il était de l'intérêt de toutes les sociétés françaises de faire trancher par le Tribunal d'Empire, restait entière.

D'ailleurs, les Compagnies françaises ne contestaient pas que la loi de 1857 fût demeurée en vigueur en Alsace-Lorraine, après l'annexion de ce territoire à l'Allemagne ; elles ne faisaient aucune difficulté de reconnaître que les

---

(1) CLUNET, *Journal du Droit international privé*, 1882, p. 141.

sociétés anonymes étrangères n'y pouvaient fonctionner qu'après avoir été valablement autorisées par décision supérieure du gouvernement ou par un traité. Mais elles prétendaient que la loi de 1857 ne pouvait leur être appliquée. « La France, disaient-elles, en vertu de l'article 11 du traité de Francfort jouit, au point de vue commercial, du traitement de la nation la plus favorisée ; or le traité de commerce conclu entre l'Allemagne et l'Autriche-Hongrie, le 16 décembre 1878, stipule que *les sociétés et les Compagnies d'assurances de toutes sortes existant légalement dans l'un des Etats contractants seront admises à exercer librement dans l'autre leur industrie.* Nous, sociétés françaises, sommes donc en droit d'exiger qu'on nous mette sur le même pied que les sociétés autrichiennes ».

Les tribunaux allemands, embarrassés, on le conçoit, par cette argumentation très juridique, tournèrent la difficulté en insinuant que les termes *sujets des deux nations*, employés par l'article 11 § 2, et que traduisaient en allemand l'expression *Angehœrige*, ne comprenaient que les personnes physiques et non les personnes juridiques. Seules, les premières pouvaient se prévaloir du droit au traitement le plus favorable. Ainsi était justifiée, à leurs yeux, l'arrêté du 11 mars 1881.

Mais les sociétés françaises objectaient alors à l'administration allemande d'être en contradiction flagrante avec elle-même. La Circulaire du 11 mars 1881 déclarait habiles à fonctionner en Alsace-Lorraine, en vertu de Conventions internationales antérieures, les sociétés belges, italiennes, anglaises et suisses. Or, ces Conventions qui étaient les traités avec la Belgique du 22 mai 1865, avec l'Angleterre du 30 mai 1865, avec l'Italie du 31 décembre 1865, avec la Suisse du 13 mai 1869, n'employaient pas d'autres termes que ceux du traité de Francfort ; elles ne parlaient que de *sujets — Angehœrige —*, sans qu'aucune allusion soit faite aux sociétés commerciales que le gouvernement d'Alsace-

Lorraine n'hésite pas à tenir cependant pour légalement existantes. Si donc la Circulaire du 11 mars 1881 consacre l'existence de ces diverses sociétés étrangères, c'est qu'elle est toute la première à étendre aux sociétés l'expression *sujets*. On ne voit pas pourquoi, quand il s'agit de la France, l'expression *sujets* prendrait aussitôt un sens restreint.

La théorie de la jurisprudence allemande amena la doctrine à se prononcer sur la question. Les avis, comme bien on pense, se partagèrent ; bon nombre d'auteurs allemands, faisant abstraction de l'intérêt engagé dans le débat pour leur pays, prirent parti pour les sociétés françaises, tandis qu'en France, des juristes notables trouvaient très justifiée la décision des tribunaux allemands.

Parmi ces derniers, nous citerons notamment M. Thaller, professeur à l'Université de Paris, qui, alors professeur à la Faculté de droit de Lyon, a exposé sa manière de voir dans un opuscule *Les Compagnies françaises d'assurances et le gouvernement d'Alsace-Lorraine*. « C'est, dit-il, à l'esprit « des traités qu'il faut se référer plutôt qu'à leur texte « équivoque. Or, à ce point de vue, l'article 11 ne vise « vraisemblablement que les personnes physiques. Voici « pourquoi. Tant qu'il ne s'agit que d'individus, il y a « parité de situations entre les résidents des divers pays, « séjournant sur un même territoire. Toutes différences « gardées quant aux mœurs et au tempérament national, « les individus étrangers ayant telle origine valent, *en* « *droit*, les individus ressortissant d'un autre Etat. « Quand le souverain qui les a tous sous sa protection « accorde une faveur à ces derniers, il ne saurait décem- « ment la refuser aux autres, si l'Etat dont ils dépendent « a stipulé pour eux le traitement de la nation la plus « favorisée. Mais quand on passe aux êtres moraux, aux « sociétés, la situation cesse d'être égale. On ne peut « mettre dans une même balance des sociétés anonymes

« de pays distincts, parce qu'elles sont constituées suivant
« des législations différentes et sur des types non confor-
« mes. Ces catégories de personnes ne sont pas identiques
« dans les sources de leur existence (1) ».

D'autres, partant de cette idée que les personnes morales,
et les sociétés commerciales en particulier, n'ont pas
d'existence légale en dehors du pays, dont la loi a permis
leur création (2), et que l'acte législatif qui permet leur
création n'a aucune valeur à l'étranger, ont conclu de même,
que l'article 11 du traité de Francfort ne pouvait avoir en
vue que les personnes physiques, et qu'une interprétation
autre n'aurait aucun sens.

On a soutenu enfin que le § 2 de l'article 11 contenait une
énumération limitative des matières auxquelles peut s'appliquer la clause de la nation la plus favorisée ; et ce qui le
prouve, c'est que les parties contractantes ont réglé spécialement différentes matières pour lesquelles on aurait pu
invoquer la clause de la nation la plus favorisée, que
d'autres accords internationaux sont intervenus pour trancher la question en ce qui concerne les marques de
fabrique (Déclaration du 8 octobre 1873), les patentes
(Convention additionnelle du 11 décembre 1871, art. 11) etc.

Nous ne nous rendons pas à ces raisons, estimant au
contraire que l'esprit du traité de Francfort (art. 11), bien
plutôt que son texte, autorise l'extension aux sociétés de
l'expression *sujets*. Ce sont elles que les négociateurs
ont eues d'abord en vue, pénétrés qu'ils étaient du désir de
seconder la force expansive du commerce de leurs pays
respectifs. Les sociétés commerciales, et les sociétés anonymes surtout, ne sont-elles pas, plutôt que les individus,

---

(1) THALLER, *Les Compagnies françaises d'assurances et le gouvernement
d'Alsace-Lorraine*, p. 39 et suiv.

(2) LAURENT, *Droit civil international*, IV, p. 152 et suiv.

les véritables agents des transactions internationales ?

Notre manière de voir est confirmée par l'article 18 de la Convention additionnelle du 11 décembre 1871, qui rend applicable aux relations de la France et des pays annexés le traité franco-badois du 16 avril 1846 sur l'exécution des jugements. « *En dehors des arrangements internationaux mentionnés dans le traité de paix du 10 mai 1871, les H.P.C. sont convenues de remettre en vigueur les différents traités et Conventions existant entre la France et les Etats allemands antérieurement à la guerre... Il est également convenu que les dispositions de la Convention franco-badoise du 16 avril 1846 sur l'exécution des jugements.... seront provisoirement étendues à l'Alsace-Lorraine.* »

Or la Convention franco-badoise admet les sociétés françaises à faire exécuter dans le Grand Duché de Bade les jugements rendus en leur faveur. Les articles 1 et 2 portent en effet : « Art. 1. *Les jugements ou arrêts rendus, en matière civile et commerciale, par les tribunaux compétents de l'un des deux Etats Contractants emportent hypothèque judiciaire dans l'autre; en outre, ils seront exécutoires, lorsqu'ils auront acquis l'autorité de la chose jugée, pourvu, toutefois, que les parties intéressées se conforment aux dispositions de l'art. 3 ci-après.... Art. 2. Sera réputé compétent.... 4° en matière de société, quand il s'agit de contestations entre associés ou des plaintes portées par des tiers contre la société, le tribunal dans l'arrondissement duquel elle est établie.* »

Si les négociateurs du traité de Francfort ont étendu à l'Alsace-Lorraine la Convention franco-badoise de 1846, c'est bien qu'ils envisageaient l'hypothèse de difficultés à naître du contrat de société, et, par suite, l'existence même de sociétés françaises sur le territoire de l'Alsace-Lorraine. Cela suffirait à établir que dans leur pensée, la clause de la nation la plus favorisée concernait aussi bien les sociétés commerciales, personnes morales, que les personnes physiques, de nationalité française.

D'ailleurs, parmi les traités conclus antérieurement à la guerre entre la France et certains États allemands, aujourd'hui compris dans l'Empire d'Allemagne, et remis en vigueur par la Convention additionnelle du 11 décembre 1871 (art. 18), plusieurs, ceux notamment du 4 mars 1865 avec la Ligue Hanséatique (art. 18), du 9 juin 1865 avec le Grand Duché de Mecklembourg (art. 20), reconnaissaient expressément les sociétés d'un pays dans l'autre. Si le traité de Francfort n'est pas assez explicite, la Convention additionnelle du 11 décembre 1871 du moins ne permet plus de douter et de discuter la pensée des négociateurs.

La thèse que nous défendons a réuni de nombreuses adhésions en doctrine (1).

Plusieurs arrêts de jurisprudence la consacrent également. Nous citerons un jugement du Tribunal civil de la Seine du 18 février 1893, un arrêt de la Cour de Lyon du 13 décembre 1889 (2) et un arrêt de la Cour de Cassation du 14 mai 1895 (3).

Voici dans quelles circonstances la Chambre civile de la Cour Suprême trancha la question qui se posait pour la première fois devant elle. Un arrêt de la Cour de Paris du 1er juillet 1893, se fondant sans doute sur l'argumentation de la jurisprudence allemande, déniait à une société anonyme allemande, la Banque d'Alsace-Lorraine, le droit d'ester en justice devant les tribunaux français. Sur pourvoi de l'intéressée, la Cour de Cassation rendit l'arrêt infirmatif suivant : « La Cour... Vu l'article 11 du

---

(1) DESPAGNET. *Précis de droit international privé,* p. 88, note. — WEISS, *Traité de droit international privé,* II, p. 438 et sq. Consulter aussi l'intéressant mémoire des avocats de la Compagnie « le Phénix », MM. SCHNEEGANS, KAUFFMANN et LIEBER, Strasbourg, 1882.

(2) CLUNET, *Journal du droit international privé,* 1893, p. 588; 1892, p. 279.

(3) *Annales de droit commercial* 1896, p. 50.

« traité de Francfort du 10 mai 1871 ; — Attendu que
« le droit accordé par cette disposition aux sujets alle-
« mands d'être admis et traités en France comme les
« Français en Allemagne et d'y jouir de tous les avantages
« assurés à la nation la plus favorisée, ne comporte au-
« cune distinction, ni à raison des personnes qui peuvent
« être des personnes morales aussi bien que des personnes
« physiques, ni à raison des choses qui font l'objet du
« traité, d'où il suit que tout sujet allemand est admis à
« exercer ses droits en justice devant les tribunaux fran-
« çais, soit pour intenter une action, soit pour y défen-
« dre... ; — Attendu qu'en refusant à la Banque d'Alsace-
« Lorraine le droit d'ester en justice comme demande-
« resse devant les tribunaux français, l'arrêt attaqué a
« violé l'article 11 susvisé du traité de Francfort. Par ces
« motifs, casse... »

M. Thaller, qui appuie de son autorité la solution de la
jurisprudence allemande, ne voit que la courtoisie engagée
dans la question. « On ne peut contraindre l'Allemagne à
« faire acte de courtoisie internationale si ses tendances y
« répugnent. Tout ce qu'on peut exiger d'elle, c'est de ne
« pas sortir du domaine légal (1). »

Nous estimons, nous, avec la Cour de Cassation, qu'il y
a autre chose que la courtoisie, et que la Cour de Paris était
précisément sortie de ce « domaine légal ». Encore une fois,
nous réprouvons l'extension inconsidérée de la clause de
nation la plus favorisée ; mais, devant l'esprit qui a présidé
à la rédaction de l'article 11 du traité de Francfort, devant
le texte de la Déclaration additionnelle du 11 décembre
1871, nous sommes de ceux qui approuvent sans réserve
l'arrêt de la Cour de Cassation. De ce que la jurisprudence

---

(1) THALLER, op. cit.

allemande interprète étroitement, à sa façon, suivant son intérêt, une disposition gênante pour elle, il ne s'ensuit pas que la jurisprudence française doive suivre les mêmes errements. Il ne s'agit pas, comme on l'a dit, de nous montrer plus généreux que nos voisins, la question est plus haute : il faut opter entre la légalité et l'illégalité.

TROISIÈME PARTIE

CAS D'INAPPLICATION DE LA CLAUSE

Nous avons déjà, au cours de cette étude, fait allusion à certaines interprétations inconsidérées, restrictives ou extensives de la clause de la nation la plus favorisée. Il en est d'autres, plus importantes, sur lesquelles nous avons maintenant à nous prononcer.

Quand le traitement de la nation la plus favorisée est stipulé au profit d'un pays, ce pays peut prétendre aux avantages, privilèges et immunités quelconques antérieurement concédés ou à concéder à toutes nations tierces ayant une personnalité propre, distincte, jouissant en un mot de la personnalité internationale. Ces avantages, privilèges et immunités, — et ceux-là seuls — peuvent faire l'objet des revendications de pays ayant droit au traitement de la nation la plus favorisée.

Deux questions également intéressantes se sont posées au sujet des faveurs et avantages que deux pays se concèdent dans le cas de Protectorat ou d'Union douanière.

On a prétendu d'abord que le titulaire de la clause pouvait se prévaloir de son titre pour revendiquer les droits réduits consentis par le protecteur à son protégé, ou par celui-ci à son protecteur.

On a dit de même que l'Union douanière entre deux ou plusieurs pays ne s'opposait pas à ce que le titulaire de la clause revendiquât les avantages et restrictions de droits dont bénéficient les pays liés par traités d'Union douanière.

Examinons successivement ce que valent ces prétentions.

CHAPITRE PREMIER

Des avantages, immunités et privilèges résultant de traités entre nations qu'unissent entre elles des liens de protectorat.

Les tierces puissances peuvent-elles se prévaloir de la clause de la nation la plus favorisée pour obtenir le traitement concédé à un pays protégé par son protecteur ou réciproquement?

La France, par exemple, peut-elle se créer en Tunisie un régime spécial sans craindre que les nations bénéficiaires de la clause n'en réclament le bénéfice?

La discussion de la nature juridique du protectorat, l'étude des liens qu'il établit entre protégé et protecteur donneront à cette question la solution qu'elle comporte. Disons tout de suite que l'accord est fait désormais entre les puissances: la concession de la clause de la nation la plus favorisée ne donne aux tierces puissances qui l'ont obtenue aucun droit aux avantages, privilèges ou immunités faits ou à faire par le protecteur à son protégé, ou par celui-ci à son protecteur. Ce principe, aujourd'hui unanimement reconnu par le droit des gens, a fait l'objet de nombreuses discussions et donné lieu à d'importantes Notes diplomatiques, notamment dans les années qui suivirent l'établissement du protectorat français en Tunisie et jusqu'à la revision des traités tunisiens, opérée en 1896 et 1897 (1)

---

(1) Cf. Ministère des affaires étrangères, *Documents diplomatiques*. Livre jaune. *Revision des traités tunisiens*, 1881-1897.

Avant de déterminer l'essence même du protectorat, il est bon de rappeler certains principes de droit international qui dominent la matière.

Un de ces principes fondamentaux est celui de la souveraineté des Etats. Par le fait seul de son existence régulière, un Etat est présumé en possession de la double souveraineté — externe et interne — qui constitue son indépendance, sa personnalité distincte. Mais, si tel est le droit commun, des atteintes fréquentes et diverses de nature sont portées à la souveraineté sous l'une ou l'autre de ses formes.

L'effet immédiat de la moindre de ces atteintes est de faire déchoir l'Etat de son rang normal pour le placer au niveau des Etats secondaires ou mi-souverains. Les pays de protectorat sont de ce nombre; ils subissent une sorte de *capitis minutio*.

On a essayé souvent de définir le protectorat. Bien des définitions juridiques ont été proposées par des théoriciens très versés dans le droit international. Pourtant aucune n'est absolument satisfaisante. Le protectorat, en effet, ne se définit pas : comme le disait M. Hanotaux, « c'est un « état de fait, et voilà tout. Il ne se définit pas, parce que le « protectorat n'est rien autre chose, à vrai dire, qu'une « restriction, une limitation, une modération que, dans son « intérêt, la puissance victorieuse s'impose à elle-même, « au moment de sa victoire, dans la mesure où il lui « convient, alors qu'elle pourrait, en vertu du droit de « guerre, aller jusqu'au bout de sa conquête ».

Cet état de fait, s'il ne peut se définir, du moins n'est-il pas impossible de le caractériser.

Dans ses traits essentiels, le régime de protectorat résulte d'un lien contractuel entre deux Etats, dont le plus faible aliène en faveur du plus puissant une partie de ses droits de souveraineté, en retour de l'appui matériel et moral que ce dernier lui accorde.

Le premier élément constitutif du protectorat, celui qui prime tous les autres, est donc la perte partielle ou totale de la souveraineté extérieure. Dès qu'un Etat signe, au profit d'un autre Etat, un traité par lequel il se place sous sa protection, il abdique son indépendance, il ne compte plus parmi les nations *ayant une personnalité distincte.* Il est en tutelle, soumis à une sorte de vasselage assez analogue à la suzeraineté féodale. En un mot, son indépendance, au point de vue des relations extérieures, est pratiquement paralysée par la substitution complète du pays protecteur à sa propre initiative ou par le contrôle que le pays protecteur exerce sur lui en pareille matière.

L'abandon de la souveraineté extérieure, en effet, n'est pas toujours réalisé dans la même forme : il y a des degrés dans le protectorat.

On laisse parfois à l'Etat protégé une semi-personnalité internationale qui lui permet de traiter avec les autres nations, le protecteur se réservant toutefois le droit de contrôle sur les négociations et les résultats auxquels elles aboutissent.

Ordinairement, au contraire, l'abdication est complète. Le pays protecteur absorbe intégralement la capacité internationale de l'Etat protégé ; tous les droits qui appartiennent au protégé seront désormais exercés par une puissance qui se substitue à lui. Cette seconde situation plus étroite, plus stricte, est mieux en rapport avec la nature du protectorat qui, on ne saurait le nier, vise toujours à l'annexion. Le protectorat est une annexion déguisée qui ne se réalisera pleinement que dans un temps très éloigné peut-être, mais qui ne s'en réalisera pas moins bien, ni moins sûrement, progressivement, sans à-coup, en ménageant les susceptibilités du protégé, et sans nécessiter de la part du protecteur les sacrifices énormes que commande l'organisation interne d'un pays conquis.

M. Wilhelm a très finement caractérisé ces deux situa-

tions en empruntant au droit civil la comparaison de la
tutelle et de la curatelle, toutes deux, mais à des degrés
différents, restrictives de capacité. Le pays est en tutelle,
si le protecteur agit pour le compte du protégé, s'il le représente dans les relations internationales. Si, au contraire,
le protégé exerce à quelque degré son indépendance
internationale, sous le contrôle et avec l'approbation de
son protecteur, il est seulement en curatelle (1).

En fait, et que les traités consacrent l'une ou l'autre de
ces conceptions, on est bien vite arrivé aux mêmes résultats.

On a parfois jugé politique de laisser au moins l'apparence de la personnalité à un Etat protégé, en le mettant
en cause dans les traités, et, cela pour ménager davantage
encore ses susceptibilités, de ne pas le rayer immédiatement
du tableau des nations ; mais la situation n'a pas tardé à se
modifier, le pays protecteur s'employant à dépouiller la
nation protégée des quelques privilèges qui lui laissaient
croire à un reste d'indépendance.

Qu'est-il advenu, en effet, à la suite du traité de Casr-
Saïd du 11 mai 1881 ? Comment a été observée la disposition de l'art. 6 qui conservait au Bey de Tunis, le droit de
signer des conventions diplomatiques sous certaines conditions? La France qui s'était chargée de la représentation
diplomatique de la Tunisie auprès des puissances étrangères, avait pourtant laissé au Bey la faculté de conclure
directement les traités avec les tierces puissances, sauf à
en donner connaissance au gouvernement français, et à
s'entendre préalablement avec lui.

Le gouvernement français prit prétexte des lenteurs et
des malentendus auxquels il pourrait se trouver exposé
pour conclure directement avec les puissances étrangères

_____

(1) CLUNET, *Journal du Droit international privé*, 1890, p. 206.

les actes internationaux qui intéressent la Tunisie. C'est ainsi que la Déclaration du 20 juin 1888 étendant à la Tunisie la Convention d'extradition conclue le 15 août 1874, entre la Belgique et la France, est signée du seul ministre des affaires étrangères français, M. Spüller. Cet engagement lie la Tunisie, et pourtant le Bey n'y est pas personnellement intervenu.

Donc, abandon volontaire ou forcé — mais toujours total quels que soient les termes des traités — de la souveraineté extérieure, et identification, au moins dans les grandes lignes, avec la politique de l'Etat protecteur, tel est l'élément essentiel, fondamental, du protectorat.

Disons un mot des deux autres bases qui complètent cette notion; elles ont trait à l'abdication, restreinte il est vrai, mais non moins caractéristique, des droits de souveraineté interne.

Le protégé abandonne son droit de juridiction sur les nationaux de l'Etat protecteur. Ces derniers sont toujours soustraits aux juges territoriaux, non seulement quand ils sont seuls en cause, mais — chose plus grave — dans leurs démêlés avec les sujets protégés.

Enfin, et c'est là le troisième élément, corrélatif des précédents, le protecteur contracte vis-à-vis du protégé certaines obligations, notamment celle de le défendre contre toute agression extérieure et de l'aider pour l'exécution des travaux publics, pour l'organisation administrative, et en général pour la marche vers la civilisation et le progrès.

Cette abdication, totale des droits de souveraineté extérieure, partielle seulement en ce qui concerne la souveraineté interne, constitue tout le protectorat.

Ainsi caractérisé, le but du protectorat apparait évident. Nous y avons déjà fait allusion : il vise à l'annexion pure et simple. Même seuls, les sacrifices matériels auxquels consent le protecteur en faveur du protégé le prouveraient surabondamment : pays riche, qui se suffit à lui-même, et peut consacrer ses capitaux à son propre développement économique et industriel, le protecteur entend bien faire du protégé, bénéficiaire de son appui pécuniaire, un prolongement de lui-même. Dans les relations internationales, il n'y a qu'un moteur, l'intérêt.

L'immixtion qui va toujours croissant de l'Etat protecteur dans les affaires du protégé fait peu à peu déchoir celui-ci de son rang d'Etat souverain pour le placer d'abord parmi les Etats mi-souverains, — situation transitoire ; — puis la mainmise du protecteur s'accentuant, il cesse d'être un sujet du droit international aux yeux des autres Etats, absorbé qu'il est, à cet égard, dans la personnalité juridique qui agit pour lui.

D'ailleurs, avons-nous dit avec M. Hanotaux, pour se procurer les avantages qu'il recherchait, rien ne s'opposait à ce que l'Etat protecteur allât jusqu'au bout de son droit de conquête. Il ne tenait qu'à lui de faire disparaitre immédiatement le pays soumis du rang d'Etat. S'il ne l'a pas fait, si, puissance victorieuse, il s'est imposé cette modération, cette limitation à ses droits, c'est qu'il jugeait politique de retarder l'absorption complète : son intérêt seul l'a arrêté. Dans ces conditions, les avantages auxquels il pouvait prétendre ne doivent pas être touchés par une restriction que lui seul a apportée.

Cette seule situation particulière, qui fait de l'Etat protégé comme le prolongement du protecteur, suffirait à répondre négativement à la question que nous posions au début de ce chapitre, si l'accord entre les nations n'était aujourd'hui unanime à ce sujet. *Les tierces puissances bénéficiaires de la clause de la nation la plus favorisée ne peuvent se prévaloir du traitement accordé par le protecteur au protégé ou par celui-ci à son protecteur* ; en d'autres termes, la clause de la nation la plus favorisée ne donne aucun droit aux conditions faites aux pays de protectorat ou par eux.

L'entente ne s'est point faite facilement. Pourtant, divers

arguments militaient en faveur de cette solution, et on se serait épargné bien des discussions longues et oiseuses, qui n'ont pris fin que depuis peu, si on s'était donné la peine d'analyser la notion de protectorat. Mais, peut-être aussi, redoutait-on les conséquences de la solution à laquelle on aboutit nécssairement !

Du moment qu'il y a annexion,—et c'est, nous l'avons vu, à cette situation que tend le protectorat, quand il ne l'opère pas en fait immédiatement, — l'Etat, qui se trouve ainsi absorbé dans un autre, perd sa personnalité ; les traités signés par lui, antérieurement à l'établissement du protectorat, disparaissent ; leurs dispositions sont caduques ; les privilèges, les franchises et immunités, les traitements de faveur, tout tombe. Dès qu'il y a extinction de la souveraineté extérieure, le territoire de l'Etat qui la perd, devient, au point de vue des étrangers, partie intégrante de l'Etat qui exerce désormais cette souveraineté, et l'Etat annexé est régi par les traités de l'Etat qui l'absorbe, au double point de vue politique et économique. Par conséquent, si le régime douanier du pays protégé concédait la clause de la nation la plus favorisée à un tiers pays, celui-ci est déchu du droit de s'en prévaloir, à moins que le protecteur ne souscrive lui-même aux droits acquis.

Le traité de Casr-Saïd présentait une disposition de ce genre. Son art. 4 portait : *Le Gouvernement de la République Française se porte garant de l'exécution des traités actuellement existants* (1) *entre le Gouvernement de la Régence et les diverses Puissances européennes.* Ainsi, la France recon-

---

(1) Les traités du 9 septembre 1741 avec la Hollande, des 19 juillet et 10 octobre 1863 avec l'Angleterre, du 13 janvier 1866 avec l'Autriche, du 27 juin 1866 avec la Prusse, du 8 septembre 1868 avec l'Italie, du 20 décembre 1880 avec la Belgique assuraient aux nationaux de ces différents pays le traitement de la nation la plus favorisée, et, plusieurs d'entre eux, le traitement français, ce qui revenait au même.

naissait les droits acquis en Tunisie par les puissances tierces et s'engageait à les respecter; mais c'est de cette stipulation expresse, du seul engagement contenu dans l'art. 4, que les actes diplomatiques signés par le Bey avant 1881 tenaient leur valeur.

Cette disposition, à elle seule, suffirait à réfuter la thèse de ceux pour qui le traité de protectorat n'entraine d'effets que vis-à-vis des contractants; il est *res inter alios acta* pour les autres pays. Le fait même qu'une clause explicite a paru nécessaire à notre gouvernement, trop préoccupé de rassurer les puissances étrangères, prouve que, sans cette précaution, celles-ci eussent naturellement cru à l'extinction d'actes qui, a-t-on dit très justement, « n'avaient d'autre fondement que la souveraineté dont le terme est arrivé ».

Il n'en est pas moins vrai que, par une incompréhensible timidité, la diplomatie française nous liait les mains. L'art. 4 resta jusqu'à la révision des traités tunisiens le principal obstacle à notre liberté d'action dans l'ancienne Régence.

L'établissement de notre protectorat ne produisit avant 1897 aucun changement appréciable. La France ne pouvait dans ses rapports avec la Tunisie se fixer un tarif douanier spécialement favorable, car, en vertu de la clause de la nation la plus favorisée, les autres puissances en eussent immédiatement profité; et les produits tunisiens, soumis à notre tarif général, étaient traités en France comme étrangers, frappés de droits parfois doubles ou triples de ceux qui grevaient les produits espagnols, anglais ou italiens. Le tableau suivant, pour quelques produits choisis au hasard, peut donner une idée de cette déplorable situation :

	Produits anglais, italiens, espagnols, entrant en France	Produits tunisiens entrant en France
Amandes......... p. 100 kᵍ	exempt.	6 fr.
Citrons et oranges. —	2 fr.	4 50

		Produits anglais, italiens, espagnols, entrant en France	Produits tunisiens entrant en France	
Dattes............	p. 100 kᵍ	exempt.	8	»
Miel.............	—	—	10	»
Œufs............	—	—	10	»
Poules, poulets, coqs.		5 fr.	20	»
Vins.............	p. hˡ	2 fr.	4	50

Quoi d'étonnant que les colons n'aient cessé de faire entendre les plaintes les plus vives, dont la Chambre de commerce française de Tunis se fit, à plusieurs reprises, l'écho, dénonçant le péril que cet état de chose faisait courir au commerce spécial entre la France et la Tunisie. En 1882, les exportations se chiffraient, en raison de ce fait, par 18 millions, tandis que les importations dépassaient 31 millions. Il était visible que la Tunisie se perdait, si le courant des exportations ne se relevait pas pour prendre une attitude parallèle à celle des importations. On dut pour y arriver employer des procédés indirects.

Devant les indications du tableau ci-dessus, les produits tunisiens avaient tout intérêt à prendre le chemin de l'Italie ou de l'Espagne où ils étaient libéralement accueillis.

La situation géographique de la Tunisie lui faisait préférer encore la Sicile et Naples, d'où ses produits étaient réexpédiés en France sous l'étiquette italienne.

Mais la rupture du traité de commerce franco-italien du 1ᵉʳ mars 1888, et la soumission des marchandises italiennes au tarif général français arrêtèrent bientôt ce commerce de transit. La Tunisie, d'ailleurs, ne pouvait compter sur son commerce spécial avec l'Italie pour écouler ses produits. Depuis le 1ᵉʳ mars 1888, le marché italien était encombré de produits similaires aux produits tunisiens ; d'autre part, il est impossible que de deux pays de productions, de richesses similaires, l'un quelconque puisse servir de marché à l'autre. Et c'était le cas pour la Tunisie et l'Italie.

La région de Naples, la Sicile diffèrent peu de la Tunisie ; leurs richesses sont également les vins, les huiles, le bétail.

Il fallut donc chercher un autre moyen détourné. On crut bien un moment que cet encombrement du marché italien amènerait un accroissement de commerce direct de Tunis avec Marseille; il n'en fut rien. Le courant d'exportation de la Tunisie vers la France se heurtait en effet à une barrière artificielle constituée par la combinaison du régime douanier tunisien (1) avec la législation douanière de la France. On eut donc recours à une disposition de la loi du 17 juillet 1867, grâce à laquelle les marchandises pouvaient pénétrer en franchise en Algérie par la voie de terre. Ces marchandises firent alors le sacrifice d'un parcours de 450 kilomètres par chemin de fer pour aller s'embarquer à Bône comme marchandises algériennes exemptes de droits. Cette pratique fut de courte durée : une loi de mars 1889, exigeant des certificats d'origine pour les produits algériens, ferma au commerce tunisien le moyen qui lui avait permis une seconde fois de tourner ingénieusement la difficulté. Les marchandises tunisiennes ayant à acquitter les taxes du tarif général, n'avaient plus aucun intérêt à faire le parcours qui était tout à l'avantage du commerce de Bône : on dut revenir au transport direct.

Il fallait pourtant sortir de cette situation absolument anormale d'une métropole et d'un pays protégé qui se livraient en fait à une véritable guerre de tarifs, alors que les marchandises de la contrée protectrice auraient dû pénétrer franches de droits dans la contrée protégée, et,

---

(1) Le régime douanier de la Tunisie était, lui aussi, un obstacle au développement des échanges commerciaux avec la France ; les marchandises françaises payaient à l'importation en Tunisie, comme les marchandises étrangères 8 fr. 90 % *ad valorem*, sauf les céréales, le bétail et les instruments agricoles.

d'autre part, que toutes les denrées de cette dernière auraient dû entrer librement dans la première.

C'est à la réalisation de cette œuvre que s'employa activement le ministère des affaires étrangères pour aboutir en 1897, à la revision des traités tunisiens.

Dans l'intervalle, on avait proposé divers moyens de sortir d'embarras. Les uns demandaient le fonctionnement d'un système de primes équivalentes aux droits d'entrée perçus à l'entrée en France et en Tunisie ; de cette façon on respectait les traités, en apparence du moins. C'était en vérité peu pratique ; l'organisation d'une comptabilité compliquée y fit renoncer. D'autres voulaient frapper d'un octroi de mer purement municipal les marchandises à l'exportation ; les tierces nations n'avaient rien à réclamer, car le Bey, dans ses traités, ne s'était pas engagé pour les taxes municipales. Mais on manquait le but à atteindre — l'exemption de droits pour les marchandises françaises, — cet octroi frappant indistinctement tous les produits, quelle que soit leur nationalité, étrangère ou française.

Pour la Société d'agriculture de Tunis, seule l'union douanière déclarée entre la France et sa jeune colonie méditerranéenne, pouvait avoir quelque effet.

Nous verrons que ce n'était pas résoudre le problème, car la clause de la nation la plus favorisée s'applique à l'Union, à moins qu'elle ne soit complète.

Une loi du 19 juillet 1890 offrit une solution transitoire. En attendant mieux, la France admettait en franchise un certain nombre de produits tunisiens (céréales, huiles, etc.), et le droit sur les vins qui titraient moins de 11° d'alcool était abaissé à 60 centimes par hectolitre. Il faut remarquer que non-seulement tous les produits ne bénéficiaient pas du traitement de faveur, mais encore que la franchise pour ceux visés était limitée à une quantité de... fixée annuellement par décret. Quant aux exportateurs français en Tunisie, leur situation restait la même : ils supportaient toujours le droit de 8,90 °/₀ *ad valorem* qui s'appliquait à leurs concurrents étrangers.

L'amélioration était maigre : les principales difficultés subsistaient. Aussi , des économistes distingués , préoccupés de l'avenir de la Tunisie, et notamment M. Paul Leroy-Beaulieu dans son journal, *L'Economiste français*, ne cessèrent-ils de réclamer l'abolition immédiate des traités de commerce antérieurs à l'occupation française. Non-seulement ils considéraient leur abrogation comme nécessaire, mais ils soutenaient que la France, puissance protectrice, avait le droit strict de les dénoncer, se prévalant en cela des mesures prises par l'Autriche-Hongrie en Bosnie et Herzégovine, et par l'Angleterre à Chypre.

Cette opinion était pour le moins hasardée. D'abord, selon nous, le droit de l'Autriche ne l'autorisait pas à passer outre aux traités antérieurs. Elle avait reçu des puissances signataires du traité de Berlin, une mission nettement délimitée, la réforme du régime agraire, cause des souffrances et des insurrections constantes de la Bosnie et de l'Herzégovine. Sans doute, et progressivement, l'Autriche a étendu son autorité souveraine sur ce pays, au point d'assujettir ses sujets au recrutement militaire autrichien et de lui donner une organisation judiciaire ; mais c'est là une faute des puissances qui ont toléré pareil empiètement (1). Mais il y a mieux : l''article 4 du traité de Casr Saïd promettait aux puissances étrangères le respect de leurs traités. La France

_____

(1) Ce qui prouve bien qu'à aucun moment les puissances signataires du traité de Berlin n'avaient envisagé la souveraineté possible de l'Autriche sur la Bosnie et l'Herzégovine, c'est que les Bosniaques et les Herzégoviniens sont considérés par le traité de Berlin lui-même, comme sujets ottomans. Aussi la situation est-elle particulièrement bizarre, depuis que l'Autriche s'est arrogée le droit de soumettre Bosniaques et Herzégoviniens au recrutement militaire autrichien. En cas de guerre entre l'Autriche et la Turquie, à qui devraient-ils le service de leurs armes ?

s'était liée, inconsidérément peut-être ; elle pouvait le regretter, mais cet engagement formel l'empêchait de passer outre. Elle avait, par le fait, renoncé à se prévaloir de la clause tacite *rebus sic stantibus* qui l'aurait autorisée à opposer la nullité des traités passés par la Tunisie indépendante. En notifiant, sous la réserve du maintien des traités, son protectorat aux puissances, la France avait lié l'existence de ce protectorat aux traités antérieurs. Elle n'avait plus, dès lors, qu'à porter le poids de l'engagement qu'elle avait contracté à la légère. C'est à ce dernier parti que s'arrêta le gouvernement français, impatient toutefois d'arriver au terme de ces traités embarrassants.

En 1896, le 8 septembre, expirait le traité italo-tunisien, conclu pour vingt-huit ans en 1868. M. Paul Leroy-Beaulieu écrivait dans l'*Economiste* du 10 août 1895 : « Dans trois « semaines expire le délai de dénonciation du traité italo- « tunisien; il faut en prévenir la tacite reconduction. L'in- « térêt de cette dénonciation est manifeste et il y aurait « faute irréparable à ne pas l'effectuer... La dénonciation « du traité italo-tunisien sera la sanction définitive de « notre prise de possession (1). »

Le gouvernement français dénonça le traité et entreprit de nouvelles négociations. Elles aboutirent au traité de commerce et de navigation du 28 septembre 1896, qui assurait aux Italiens en Tunisie les mêmes droits qu'aux étrangers de la nation la plus favorisée, mais sous réserve expresse du traitement français. *Il est bien entendu*, dit l'art. 8 § 4 *que le traitement de la nation la plus favorisée dont la jouissance est assurée à l'Italie ne lui donne pas droit*

---

(1) Les vues de M. Paul LEROY-BEAULIEU étaient empreintes d'un trop grand optimisme. Le célèbre économiste oubliait que si nous étions débarrassés de l'Italie, nous avions un traité perpétuel qui liait la Tunisie à la Grande-Bretagne, et que nous devions nous attendre de la part de cette dernière à autre chose qu'à la bienveillance.

*au régime douanier qui pourrait être institué entre la Tunisie
et la France, mais seulement aux avantages de quelque
nature que ce soit qui, dans les matières énumérées au paragraphe précédent, seraient concédés à une tierce Puissance
quelconque.*

Ce traité avait une importance capitale, et nous ne pouvions pas espérer aboutir aussi rapidement avec l'Italie, qui
avait toujours fait l'opposition la plus vive à l'extension de
l'influence française en Tunisie.

Deux mois auparavant, par Déclaration du 20 juillet,
l'Autriche-Hongrie avait déjà renoncé *à revendiquer le
bénéfice du régime établi ou à établir en matière de douane
entre la France et son Protectorat tunisien, pourvu que le
traitement de la nation la plus favorisée lui reste conservé à
l'égard de toute autre Puissance.*

Le 14 octobre, deux nouvelles Déclarations, l'une franco-
russe, l'autre franco-suisse, renfermaient le même principe : *Il est bien entendu au surplus que le traitement de la
nation la plus favorisée en Tunisie ne comprend pas le traitement français* (1).

Le 18 novembre, l'*Allemagne n'entend pas non plus revendiquer le bénéfice d'un régime établi ou à établir en matière
de douane et de navigation entre la France et son Protectorat, pourvu que le traitement de la nation la plus favorisée
lui reste conservé à l'égard de toute autre Puissance.*

Mêmes Déclarations de la part de la Belgique, 2 janvier
1897, — de l'Espagne, 12 janvier, — du Danemark, 26 janvier, — des Pays-Bas, 3 avril, — des Royaumes-Unis de
Suède et de Norwège, 5 mai 1897. Dans tous ces Actes (2),

---

(1) Voyez Baron d'Estournelles de Constant, (P. H. X.) *Le protectorat
français en Tunisie.*

(2) Ministère des affaires étrangères, *Documents diplomatiques. Revision
des traités tunisiens.* Livre jaune 1897.

revient la même formule qui fixe la théorie douanière
du protectorat en ces termes désormais classiques : IL
EST BIEN ENTENDU AU SURPLUS QUE LE TRAITEMENT DE LA
NATION LA PLUS FAVORISÉE NE COMPREND PAS LE TRAITE-
MENT DU PAYS PROTECTEUR.

Une difficulté, et non la moins grave, persistait ; le
gouvernement français avait encore l'Angleterre à gagner.
C'est qu'en effet les arrangements conclus avec les autres
nations n'auraient aucune valeur pratique tant qu'une
seule puissance bénéficierait du traitement du pays protecteur, du traitement de la France. Or, l'Angleterre
faisait valoir son traité du 19 juillet 1875, pour réclamer le
traitement français. Il fallait obtenir à tout prix sa renonciation, sinon les autres puissances, par leur assimilation
à l'Angleterre, se trouveraient ramenées à ce même traitement français auquel elles avaient pourtant renoncé par
voie diplomatique.

L'Angleterre, qui toujours se trouva d'accord avec l'Italie
pour ne nous épargner aucune difficulté, vit là un dernier
moyen d'arrêter le développement de notre Protectorat; et,
se retranchant derrière son traité 'perpétuel, elle maintint
« ses droits au traitement de la nation la plus favorisée,
« sans qu'il y eût à mettre à part le traitement du protec-
« teur. » Il faut dire d'ailleurs que la concession demandée
à l'Angleterre était fort importante, étant donné surtout le
chiffre de ses importations en Tunisie.

Quoi qu'il en soit, les prétentions britanniques n'étaient
pas justifiées. Nous l'avons dit, indépendamment même de
toute convention spéciale, explicite, la clause de la nation
la plus favorisée ne saurait s'appliquer au régime douanier
du protecteur vis-à-vis du protégé. L'analyse même de la
notion de protectorat conduit à cette solution, consacrée
par l'Autriche, l'Italie, la Suisse, la Russie, la Belgique, la
Hollande, le Danemark et les Royaumes-Unis de Suède et
de Norwège. En renonçant au traitement du pays protec-

teur, ces puissances n'ont pas cru accorder à la France une faveur conventionnelle; les termes mêmes de leurs diverses Déclarations reconnaissent là « comme un principe allant de soi. » *En vue de déterminer les rapports entre la France et la Russie* (l'Allemagne, les Pays-Bas, etc.) *en Tunisie, et de bien préciser la situation conventionnelle de la Russie* (de l'Allemagne, des Pays-Bas, etc.) *dans la Régence, les soussignés, dûment autorisés par leurs Gouvernements respectifs, font, d'un commun accord, la déclaration suivante : Il est bien entendu que le traitement de la nation la plus favorisée en Tunisie ne comprend pas le traitement français.*

Notre diplomatie eut pourtant raison des résistances britanniques. Un Arrangement en vue de déterminer les rapports de la France et du Royaume-Uni de Grande Bretagne et d'Irlande en Tunisie, signé le 18 septembre 1897, laissait désormais le champ libre à l'activité française. Mais l'Angleterre se garda bien de rendre gratuitement hommage au principe que les autres nations avaient consacré sans difficultés. Elle exigea des compensations d'autant plus importantes que sa résistance, — elle le savait trop bien — détruisait l'effet de la revision des des traités tunisiens, opérée en 1896 et 1897. On lui concéda donc d'abord la jouissance, pendant quarante années, des tarifs de douane les plus réduits en Tunisie, en exceptant bien entendu le traitement acquis aux produits français ; elle reçut ensuite l'assurance que, jusqu'au 31 décembre 1912, ses cotonnades ne seraient pas frappées à l'entrée en Tunisie de droits supérieurs à 5 °/₀ de leur valeur au port de débarquement.

Telles furent les conditions auxquelles l'Angleterre renonça à l'ancienne interprétation de la clause de la nation la plus favorisée.

Aujourd'hui il est universellement acquis que le traitement de la nation la plus favorisée ne comprend pas, dans les pays de protectorat, le traitement de l'Etat protecteur. A ce point de vue les Traités, Déclarations et Arrangements de 1896 et 1897 n'intéressent pas seulement l'avenir de la France, son développement et son extension en Tunisie, ils consacrent certains principes qui dominent la théorie du protectorat toute entière (1).

CHAPITRE II

Des avantages, immunités et privilèges, résultant de traités entre nations qu'unissent entre elles des liens d'Union douanière.

La concession de la clause de la nation la plus favorisée autorise-t-elle les puissances qui en sont bénéficiaires à se prévaloir des privilèges, droits et franchises auxquels donne lieu l'établissement d'une Union douanière entre l'Etat qui a consenti la clause et une autre nation? Et les privilèges, immunités, franchises, droits de toutes sortes résultant de l'Union douanière peuvent-ils être assimilés aux avantages accordés à un pays tiers et rentrant dans la catégorie de ceux dont doivent aussitôt jouir, par le fait seul de leur concession, les puissances qui se sont assuré le bénéfice du traitement de la nation la plus favorisée? Ou bien, au contraire, le traitement spécial, base d'entente de deux pays qui ont voulu, par l'Union douanière, fusion-

_____

(1) A. G. DE LAPRADELLE, Revision des traités tunisiens. Chronique internationale. *Revue du droit public et de la science politique*, 1898, p. 505 et suiv. Voy. aussi *Bulletin du Comité de l'Afrique française* 1897, p. 74. — *Revue générale du droit international public* 1897. p. 797.

ner leurs intérêts économiques, n'échappe-t-il pas, à raison même de sa nature, aux réclamations des puissances bénéficiaires de la clause de la nation la plus favorisée? En un mot, est-il possible d'assimiler les avantages résultant de l'Union douanière aux stipulations d'un traité de commerce ordinaire?

La question vaut qu'on s'y arrête et la discute. Résolue par les économistes, trop souvent suivant les intérêts du moment, tantôt affirmativement, tantôt dans le sens de la négative, elle n'est point demeurée dans le domaine de la discussion pure. Elle a fait l'objet de Déclarations ministérielles, donné lieu à des échanges de Notes diplomatiques, jusqu'à ce que, devant les dificultés qui surgissaient sans cesse, des Actes Publics aient cru devoir stipuler que LES BÉNÉFICIAIRES DE LA CLAUSE DE LA NATION LA PLUS FAVORISÉE NE SAURAIENT EN AUCUN CAS SE PRÉVALOIR DES AVANTAGES RÉSULTANT D'UNE UNION DOUANIÈRE.

Pour nous Français, la question offre un double intérêt. A côté de l'intérêt juridique, qui ne peut nous laisser indifférents, il s'agit de savoir si l'article 11 du traité de Francfort nous garantit contre la concession, au profit d'autres nations qui formeraient avec l'Allemagne une Union douanière, d'avantages dont nous serions écartés. Un instant, en effet, les Etats de la Triple Alliance songèrent, pour porter à l'industrie et au commerce français « un coup dont ils ne devaient pas se relever », à former entre eux une Union douanière.

L'article 11, dans cette circonstance, fut notre sauvegarde ; il s'opposait, affirma-t-on, à l'alliance économique projetée, si l'on tenait la France à l'écart. Or, si la France devait profiter des avantages dont auraient bénéficié l'Italie, l'Allemagne et l'Autriche-Hongrie, à quoi bon un pareil accord? Le but poursuivi étant manqué, les pourparlers n'allèrent pas plus loin. « C'est ainsi que la France, « par un juste retour, trouva sa sauvegarde dans un

« article dont elle avait longtemps subi la dure loi (1) ».

A notre avis, la question posée ne saurait recevoir de réponse générale. Il y a lieu de bien distinguer entre deux sortes de liens très différents :

1° L'Union douanière complète, qui implique contrat entre des Etats faibles et un Etat plus fort, et n'est qu'un acheminement vers l'union politique — telles, les anciennes conventions douanières du commencement du siècle entre la Prusse et les Principautés de Schwarzbourg-Sonderhausen et Rudolstadt, 25 octobre 1819 et 4 juin 1822, entre la Prusse et le Grand Duché de Saxe-Weimar, 27 juin 1823, etc; telle, l'Union réalisée par le Zollverein, le seul exemple d'ailleurs bien déterminé d'Union douanière entre Etats souverains et indépendants; telle surtout, l'Union, plus étroite encore, qui existe aujourd'hui entre la France et la Principauté de Monaco, cette dernière ayant consenti, au profit de la France une abdication assez étendue de ses droits de souveraineté.

2° L'Union douanière apparente, dirons-nous, la ligue douanière mal définie, analogue à la Zoll-Liga, proposée au Congrès agricole de Vienne, en 1890, entre l'Autriche-Hongrie et l'Allemagne, ou à la ligue douanière des Etats de la Triple-Alliance, l'une et l'autre exclusivement dirigées contre la France et qui ne comportaient même pas la franchise de douanes entre les pays ainsi unis. Dans ce second cas, nous n'hésitons pas à affirmer que les droits différentiels établis par les co-contractants en faveur les uns des autres doivent profiter immédiatement et sans autre dédommagement à tous pays bénéficiaires du traitement de la nation la plus favorisée.

---

(1) CAUWÈS, *op. cit.*, II, n° 790. — Jules FERRY disait de même : « Quant
« à la crainte que la France ne se trouve exclue du marché européen par la
« formation d'une Union douanière entre les Etats de l'Europe centrale,
« l'article 11 du traité de Francfort qui, comme un *spiritus rector*, domine
« toute la matière, suffit à la rassurer. »

Les économistes allemands et autrichiens qui ont de bonnes raisons pour écarter cette distinction, ont tous été unanimes à soutenir que la clause de la nation la plus favorisée ne donnait jamais droit aux avantages d'une Union douanière quelle qu'elle fût. Leurs arguments qui n'ont rien de juridique, appliqués à la seconde catégorie d'Union douanière, dévoilent trop une théorie entièrement édifiée pour les besoins de la cause : le service des intérêts de l'Allemagne et de l'Autriche aux dépens de la France.

Dans le *Recueil de droit des gens* de Holtzendorff (1), un professeur à l'Université de Leipzig, M. Melle, consacre de longs développements à cette question. Pour lui, deux nations qui concluent entre elles une Union douanière perdent une partie de leur personnalité. Elles ne sont plus des Etats tiers en présence l'un de l'autre; elles forment désormais une même unité. Et cette affirmation conduit l'économiste allemand à la conséquence suivante : la clause de la nation la plus favorisée ne donnant droit qu'aux avantages accordés à une tierce nation, comme nous ne sommes plus ici en présence d'une tierce nation, mais bien d'une « association d'intérêts commerciaux, économiques et financiers » on ne saurait réclamer les avantages dont jouissent « les parties qui forment ce tout économique. »

M. Schraut (2) développe la même thèse en des termes à peu près identiques. Le contrat d'Union douanière — die Zolleinigung — aboutit à faire des Etats contractants une seule individualité économique et financière ; les franchises, les avantages douaniers et économiques résultant de l'Union n'ont plus, dès lors, le caractère des faveurs commerciales dont peuvent se prévaloir les puissances aux-

(1) Holtzendorff, *Handbuch des Vœlkerrechts*, III § 49 *die Meistbegünstigungsclausel.*
(2) Schraut, *System der Handelsvertræge und der Meistbegünstigung*, ch. X.

quelles a été concédé le traitement de la nation la plus favorisée. Sans doute, ce contrat ne change rien à la situation politique des contractants qui conservent, comme par le passé, toute leur indépendance, leur autonomie et leur liberté d'action. Mais il n'en est pas de même au point de vue économique : les nations unies forment un tout, leurs réglements douaniers sont des questions de politique intérieure qui ne regardent que les pouvoirs indépendants de cette unité et ne sauraient servir pour les nations étrangères à des réclamations basées sur le droit au traitement de la nation la plus favorisée. Ce droit ne garantit que les avantages octroyés à des nations tierces, c'est-à-dire à des groupes d'intérêts économiques et financiers séparés. Du moment que, par suite d'un arrangement, ces divers intérêts ont cessé d'être distincts, que les contractants ne sont plus dans leurs rapports respectifs des nations tierces, toutes les prétentions qui s'élèvent sur le fondement de ces considérations manquent de base.

Telle est la théorie allemande et autrichienne. Elle est la nôtre en tous points, sans y rien retrancher, quand il s'agit de l'Union douanière complète; mais nous nous refusons à la généraliser, comme MM. Melle et Schraut.

Quels sont donc les caractères fondamentaux de l'Union douanière complète? Tandis que les traités de commerce ont pour objet de concilier les intérêts des Etats, les Unions douanières ont pour effet de les confondre. Dans ce but, les contractants suppriment entre eux toute ligne de douanes; à partir de la signature du traité d'Union, ils échangent leurs produits respectifs sans aucune entrave, et suivent des règles communes dans leur trafic avec les autres Etats, appliquant à leurs frontières extérieures un tarif identique. Sous le rapport économique, ils ne forment plus qu'un seul Etat; ils n'ont plus pour leur commerce qu'une même frontière. Quant aux recettes qui peuvent être perçues par des moyens différents dans les pays unis, elles sont mises en commun pour être ensuite partagées au prorata de la population de chacun.

Lorsque le commerce et l'industrie sont aussi étroitement liés entre nations, lorsqu'on en arrive à cette unité, à cette communauté parfaite d'intérêts économiques et financiers, qui aboutit toujours à l'altération, quelquefois même à la suppression complète de la souveraineté et de l'indépendance des Etats (1), nous ne faisons aucune difficulté pour admettre que les avantages résultant d'une Union aussi étroite ne peuvent être réclamés par les bénéficiaires du traitement le plus favorable. Mais il est, du moins, téméraire d'affirmer que, dans tous les cas, la simple déclaration d'Union douanière établisse un lien tel, entre les contractants, que la question de leurs rapports douaniers et économiques relève désormais de la politique intérieure, dont les nations étrangères n'ont point à se préoccuper.

La Zoll-Liga, proposée au Congrès agricole de Vienne, ne réalisait même pas entre l'Allemagne et l'Autriche cette « unité économique et financière », fondement de toute l'argumentation des économistes allemands et autrichiens. Le lien qui unissait les deux pays était mal défini : la « communauté » résultait seulement d'un tarif douanier identique applicable aux frontières extérieures, allemande et autrichienne; il n'y avait pas franchise douanière à la frontière commune, mais simple réduction de droits ; la communauté de recettes n'existait pas davantage.

---

(1) C'est précisément la crainte de perdre tout ou partie de leur souveraineté qui fait que jamais les grandes Puissances ne consentiront à former entre elles une Union douanière complète. Celle-ci ne peut se réaliser qu'entre Etats de force inégale ; car, avec l'apparence de ne développer que la richesse publique, elle conduit nécessairement à l'hégémonie de l'Etat le plus puissant sur ses associés. L'histoire du Zollverein en est la démonstration péremptoire.

Comment soutenir que cette situation soit suffisante pour porter atteinte aux droits des tiers garantis par la clause de la nation la plus favorisée ? La question ne nous paraît pas soutenir la discussion.

Que cherche, en effet, le pays qui fait stipuler à son profit le traitement le plus favorable ? Son but est d'empêcher que les marchandises d'aucun de ses concurrents ne franchissent les frontières du concédant dans des conditions légales plus favorables que ses marchandises à lui.

Ce faisant, il acquiert le droit de surveiller les conditions dans lesquelles les importations de ses concurrents sont admises sur le marché du concédant et de se prévaloir de la clause de la nation la plus favorisée pour s'approprier aussitôt tout avantage fait à l'un d'eux.

Or, il serait trop facile en vérité pour un Etat de se délier des engagements auxquels il a souscrit, de se débarrasser d'un concurrent dangereux ou d'avantager les nations qui lui sont sympathiques, si un tel contrat, à liens assez lâches et mal déterminés, suffisaient à empêcher la clause de la nation la plus favorisée de produire ses effets.

Nous estimons donc que la nouvelle « unité », quand elle est de ce genre, ne doit pas compter dans les relations internationales ; pour les puissances au profit desquelles des traités antérieurs ont stipulé la clause de la nation la plus favorisée, elle est *res inter alios acta*, et, à ce titre, ne saurait les toucher. En allant au fond des choses, en analysant les conventions et les mobiles qui leur ont donné naissance, ont est amené à cette conclusion.

D'ailleurs, pour la puissance qui a un traité antérieur à l'Union, ce nouvel arrangement rapproche du pays qui lui a assuré le traitement de la nation la plus favorisée, une nation qui, au moment de la conclusion du traité et de la concession de la clause en question, était certainement une nation tierce, aussi bien vis-à-vis de la puissance bénéficiaire de la clause que par rapport au pays qui la concédait. Cette nation rentrait donc alors au nombre de celles que la puissance susdite redoutait, la considérant comme une rivale dangereuse pour son commerce ou son industrie, et contre laquelle elle entendait se protéger par la clause de la nation la plus favorisée.

Bien mieux, cette puissance a pu ne consentir les sacrifices auxquels elle a souscrit que parce qu'elle prévoyait qu'à un moment donné son co-contractant serait amené à faire à la nation qui entre aujourd'hui dans l'Union douanière des avantages auxquels la ferait immédiatement profiter la clause de la nation la plus favorisée.

Dans ces conditions, et pour empêcher le bénéficiaire de la clause d'invoquer les avantages de l'Union douanière, il aurait fallu stipuler expressément le fait dans un traité.

Les nouveaux traités de l'Europe Centrale consacrent cette distinction. A la suite de la stipulation de la nation la plus favorisée, ils ont soin d'ajouter que le bénéfice de la clause ne pourra être réclamé en cas d'Union douanière. Ainsi le traité du 6 décembre 1891, entre l'Autriche-Hongrie et l'Allemagne, exclut formellement du droit au traitement le plus favorable les avantages qui pourraient résulter pour l'un des contractants d'une Union douanière avec une tierce puissance (1).

-----

(1) Antérieurement, en 1851, un traité austro-sarde stipulait la même restriction. Rappelons à ce sujet les difficultés auxquelles donna lieu cette disposition.

L'Autriche, en 1857, conclut avec le Duché de Modène, un arrangement, simple traité de commerce, contenant, il est vrai, des avantages assez étendus, et qualifié « Union douanière » par le gouvernement autrichien. Vu les termes de l'arrangement, l'expression était pour le moins hasardée; mais il s'agissait d'empêcher le gouvernement sarde, titulaire de la clause de la nation la plus favorisée, hors le cas d'Union douanière, d'en profiter.

Comme bien on pense, le gouvernement sarde, par l'intermédiaire du comte de Cavour, protesta contre le qualificatif donné au traité austro-modénais, démontrant que la prétendue « Union douanière » était en réalité un

Si la formation d'une Union douanière, aussi vague que nous l'avons définie, ne paralyse pas l'action de la clause de la nation la plus favorisée, il en est autrement à la suite d'un traité consenti par un tiers pays avec l'Union douanière déjà existante, fût-elle de cette catégorie. En effet, le tiers pays qui traite avec l'Union, consacre l'existence légale de cette « nouvelle unité », quelque vague qu'elle soit, et se refuse ainsi par avance, s'il a obtenu la stipulation de la nation la plus favorisée, le droit de demander un traitement autre que celui dont bénéficient les nations tierces par rapport à l'Union. Il ne saurait donc exiger le traitement de l'un des membres de l'Union, il ne tenait qu'à lui de le réclamer au moment du traité. Le fait même d'avoir traité avec l'Union présume l'intention de la considérer comme un seul tout, comme un Etat, abstraction

---

simple traité de commerce dont les dispositions lui étaient acquises. L'acte ne présentait aucun des caractères du contrat d'Union douanière.

Le gouvernement autrichien ne pouvait admettre cette thèse qui avait le grave défaut de lui être défavorable. Il émit alors la prétention monstrueuse de déterminer la nature du contrat par le nom seul sous lequel les intéressés le désignent.

M. Schraut, dans l'ouvrage auquel nous nous sommes à diverses reprises reportés, soutient la même théorie. « Lorsque deux Etats sont d'accord entre eux au sujet du sens, de la nature et de la manière d'application d'une des dispositions de leur traité, un troisième Etat ne saurait être admis, sur le fondement de son droit au traitement de la nation la plus favorisée, à se prévaloir de cette disposition en lui donnant une interprétation différente, alors même que l'exactitude de cette dernière ne pourrait être contestée. » (*System der Handelsvertrœge und der Meistbegünstigung*, III, n).

Encore une fois que deviendraient les engagements auxquels un pays a souscrit, si de tels principes venaient à prévaloir? La clause de la nation la plus favorisée ne serait plus qu'un leurre. Il est inadmissible que deux Etats aient la faculté de créer une équivoque qui aboutirait à exclure une troisième nation de la jouissance des droits qu'elle se serait assurés par une Convention formelle.

Les protestations européennes placèrent l'Autriche dans l'alternative de donner satisfaction au gouvernement sarde ou de rompre son traité avec Modène. C'est à ce dernier parti qu'elle s'arrêta.

faite des nations qui la composent. Il va sans dire que l'adjonction à l'Union d'une nouvelle puissance nous ramènerait au premier cas et autoriserait tous les pays, ayant traité avec l'Union et obtenu d'elle l'assurance du traitement le plus favorable, à se réclamer des avantages dont bénéficierait cette puissance en entrant dans l'Union. Ces pays, au moment où ils ont traité, n'ont considéré comme un tout que l'ensemble des Etats composant déjà l'Union. Cette unité était donc bien déterminée : tout ce qui n'en faisait pas partie restait puissance tierce et ne saurait à aucun moment acquérir une situation privilégiée.

Nous n'avons envisagé jusqu'ici que le cas de réduction des barrières douanières, amenant le plus souvent entre les deux Etats une Union économique et financière plus apparente que réelle.

La solution ne doit pas être la même, à notre avis, si le contrat, mettant en jeu d'abord les intérêts économiques et commerciaux des deux parties, touche à leurs intérêts politiques, s'il y a, de la part d'un des contractants, une abdication quelconque de ses droits de souveraineté. Quand un Etat renonce à son indépendance douanière et joint à cette renonciation l'abdication de certains de ses droits de souveraineté politique — corollaire nécessaire, nous l'avons déjà dit, de l'Union douanière complète qui, pour cette cause précisément, ne peut s'établir qu'entre Etats de rangs inégaux — remettant par exemple l'administration et la perception de ses recettes à son co-contractant, comme le mentionne, au profit de la France, la Convention monégasque de 1865 (1), les nations tierces ne sont plus fondées

---

(1) Convention relative à l'Union douanière et aux rapports de voisinage entre la France et la Principauté de Monaco, conclue à Paris le 9 novembre 1865. De Clercq, *Recueil IX*, page 408.

Les diverses Conventions douanières passées au commencement du siècle entre la Prusse et quelques Principautés allemandes consacraient au profit de la première des situations analogues.

à se prévaloir de la clause de la nation la plus favorisée, pour obtenir les avantages accordés à l'Etat secondaire par la puissance qui l'absorbe, — avantages qui sont comme le prix de son incorporation partielle.

Les arguments sur lesquels nous nous sommes appuyés pour réfuter les prétentions des Etats composant ce que nous avons appelé une « apparence d'Union douanière », ne retrouvent pas ici leur force : l'Union complète fait perdre vraiment au pays qui y entre, sa qualité de pays tiers.

La situation est trop différente, par suite de l'acheminement vers l'incorporation politique, pour comporter la même solution. Le résultat auquel aboutit l'Union douanière complète est, à notre avis, semblable à celui où mène le Protectorat : aussi croyons-nous devoir conclure comme nous l'avons fait ci-dessus, et refuser pour les mêmes raisons, aux pays qui ont obtenu la clause de la nation la plus favorisée, les avantages dont bénéficient les Etats composant l'Union douanière.

N'avons-nous pas vu, dans chacune des phases qu'a traversées le Zollverein, les Etats qui y entraient successivement, joindre à l'alliance économique et financière, une alliance offensive et défensive ? les Etats les plus faibles abdiquer, inconsidérément peut-être, leur liberté, et s'en remettre pour l'exercice de certains de leurs droits politiques, d'abord à la Confédération Germanique, puis à l'Empire d'Allemagne, jusqu'à ce qu'une évolution nouvelle dépouille définitivement ceux qui détiennent encore un embryon de pouvoir ?

Le protectorat est une annexion déguisée, disions-nous ; l'Union douanière complète ne tend pas moins à l'absorption du plus faible par le plus fort. Celle-ci mène à l'incorporation moins vite, mais aussi sûrement. Ces motifs mêmes firent repousser la prétention des Etats qui, à la suite de la Convention franco-monégasque de 1865, se prévalaient de la clause de la nation la plus favorisée pour obtenir les avantages consentis à la Principauté par la France.

On retrouvait dans cette Convention les caractères fondamentaux de toute Union douanière : franchise de douanes à la frontière commune, adoption d'un même tarif applicable aux frontières extérieures des pays unis ; quant à l'administration et à la perception des recettes, elles étaient confiées aux Douanes françaises, ce qui constituait de la part de la Principauté au profit de la France, une renonciation très étendue à sa puissance législative et administrative. En un mot, l'Union franco-monégasque reflétait, en les aggravant, les conditions de l'Union douanière. L'examen rapide de ses dispositions peut nous en convaincre.

1º L'article 1er stipule la franchise de douane et supprime le service douanier sur toute la frontière des deux Etats :

« *Les services actuels des douanes sont supprimés sur toute la frontière de terre. Une seule ligne de douane, établie du côté de la mer, prolongera la ligne française qui s'étendra ainsi sur tout le littoral de la Principauté.* »

2º Le tarif extérieur est identique ; le tarif français est appliqué à Monaco (art. 2).

« *Les droits du tarif français à l'entrée et à la sortie, les*
« *droits de navigation, tels que les définit la loi française,*
« *les taxes de plombage et d'estampillage, et, en général, les*
« *Lois et Ordonnances, Décrets et Réglements concernant le*
« *régime des douanes de l'Empire seront applicables au terri-*
« *toire de la Principauté.* »

3º La Principauté renonce à l'administration et à la perception de ses douanes au profit de l'administration douanière française. L'art. 10 règle de façon spéciale la participation aux recettes :

« *Le Gouvernement impérial tiendra compte au Prince,*
« *moyennant une indemnité annuelle fixée d'un commun*
« *accord à la somme de 20.000 fr., de l'abandon auquel il*

« *consent des droits de douane et de navigation, ainsi que du*
« *monopole du sel... Cette redevance sera payée à Monaco*
« *par trimestre.* »

La Convention réalisait bien dans ces conditions le type
de l'Union douanière la plus parfaite et la plus étroite qui
se pût concevoir. Cela n'arrêta pas les réclamations intéressées de l'Italie et de l'Angleterre, qui, se prévalant
d'une disposition qui assimilait les navires monégasques
aux navires français, réclamèrent le droit pour leurs nationaux de faire le cabotage sur les côtes de France.

La situation toute spéciale et anormale de la Principauté
de Monaco dicta la réponse du Ministre du commerce, de
l'agriculture et des travaux publics, qui, pour mettre fin à
la polémique engagée à ce sujet entre journaux français et
étrangers, prit l'initiative de définir, dans une Circulaire
adressée aux Chambres de commerce, l'objet et le caractère de la Convention du 9 novembre 1865. « La Conven-
« tion conclue le 9 novembre 1865, disait-il, avec la Prin-
« cipauté de Monaco, est une *Union douanière*, dont l'objet
« est d'étendre pour toutes les opérations commerciales et
« maritimes la frontière de l'Empire français jusqu'à l'ex-
« trême frontière de la Principauté. En fait, au point de
« vue douanier, il n'existe plus, dans la Principauté de
« Monaco que des ports français, régis par les lois françai-
« ses, d'où une assimilation complète entre le pavillon de
« Monaco et le pavillon français...

« Entre une Union douanière ainsi définie et un traité
« de commerce et de navigation, il y a des différences
« essentielles résultant de la nature même des obligations
« réciproques qui découlent de l'un et de l'autre acte.
« Dans le premier cas, les barrières de douanes s'abais-
« sent et disparaissent : il y a fusion complète des intérêts
« commerciaux et maritimes. Dans le second, des conces-
« sions mutuelles de tarifs sont faites, les relations devien-
« nent plus intimes, plus suivies, mais chacune des par-

« ties Contractantes conserve dans l'espèce son autonomie
« et sa ligne de douanes.

« De la comparaison de ces deux situations, il résulte,
« et c'est un point sur lequel il y a accord parfait entre le
« Département des affaires étrangères et le mien, qu'aucune
« des puissances avec lesquelles la France a conclu des
« traités de commerce et de navigation, contenant au
« profit de chacune des parties contractantes la clause de
« la nation la plus favorisée, ne saurait réclamer soit pour
« son industrie et son commerce, soit pour sa marine
« marchande, les avantages concédés au commerce et à la
« marine de la Principauté de Monaco par l'Union doua-
« nière qu'a consacrée la Convention du 9 novembre 1865 ».

En résumé, et sans considérer spécialement la Convention franco-monégasque sur laquelle nous nous sommes
étendus, devant un traité d'Union douanière complète,
nous dénierons toujours aux bénéficiaires de la clause de
la nation la plus favorisée le droit de prétendre aux avantages qu'offre l'Union douanière aux pays qui la composent.

Au contraire, quand nous serons en présence de traités
qui donneront le titre d'Unions douanières à des contrats
qui n'en ont que le nom, nous reconnaitrons à ces pays le
droit de revendiquer tous les avantages inscrits à ces traités.

Observons aussi qu'en raison même des conséquences
qu'entraîne l'Union douanière complète, et malgré les
avantages très réels qu'elle peut présenter au point de vue
économique, un seul exemple bien déterminé nous a été
offert d'Etats souverains et indépendants consentant à
abdiquer leur autonomie; et nous ne croyons pas que les
circonstances particulières qui ont donné naissance au
Zollverein se retrouvent jamais pour provoquer une Union
de ce genre, en Europe du moins.

QUATRIÈME PARTIE

EXTINCTION DE LA CLAUSE

Extinction de la clause de la nation la plus favorisée
Perte des bénéfices qu'elle confère

Stipulée dans un traité, la clause de la nation la plus favorisée est liée à la destinée de ce traité. Est-il perpétuel, sans limitation de durée ? elle prend ce même caractère de permanence et de perpétuité. Mais cette clause qui est le plus souvent, nous l'avons dit déjà, une stipulation des traités de commerce aura rarement ce caractère. Les traités de commerce sont dénonçables ; on leur assigne une durée déterminée de cinq, dix ou vingt années au plus, périodes après lesquelles les parties contractantes reprennent chacune leur entière liberté.

L'article 11 du traité de Francfort est un exemple de stipulation perpétuelle de la clause de la nation la plus favorisée : c'est précisément ce qui le rend si dangereux et une des raisons qui le font condamner. Le traité de Francfort est un traité de paix, à ce titre conclu pour un temps indéfini ; toutes les stipulations qu'il renferme, notamment celle du droit au traitement de la nation la plus favorisée pour les deux parties contractantes, ont une durée indéterminée.

Le traité est-il au contraire dénonçable, la clause devient caduque, et les parties, si elles rédigent un nouvel accord, sont libres de l'y insérer à nouveau ou de n'en pas tenir compte.

Cette question est trop simple pour nous retenir plus longtemps. Elle serait aussi mieux à sa place dans une étude générale sur les traités et leurs effets.

En parlant de la perte du bénéfice que confère la clause de la nation la plus favorisée, nous avions d'ailleurs en vue d'autres difficultés, plus hautes et plus délicates à la fois, soulevées dans la pratique des relations internationales, et dont la solution s'est fait longtemps attendre.

Les différentes questions auxquelles nous faisons allusion peuvent toutes se résumer dans cette formule très générale : « La clause de la nation la plus favorisée peut-elle encore produire effet vis-à-vis des tiers, alors que les faveurs, immunités, privilèges et avantages qu'elle leur concédait indirectement, sont devenus caducs, ont cessé d'exister entre co-stipulants ? »

La diversité d'aspects de la question tient précisément à ce que les événements qui rendent caduques les conventions peuvent être très divers : dénonciation pure et simple des traités, incorporation totale ou partielle d'Etat, changement de condition d'Etats. Quand une faveur, accordée à un Etat tiers par un article formel de Convention internationale, vient à disparaître pour l'une quelconque de ces raisons, cette faveur peut-elle subsister implicitement au profit des puissances qui n'en jouissaient qu'à raison de la clause de la nation la plus favorisée ? Telle est donc la question à laquelle nous nous proposons de répondre.

La plus récente, en même temps que la plus importante des difficultés auxquelles elle a donné lieu, est celle qui a surgi entre l'Angleterre et la Chine, à la suite de la dénonciation, par les Etats-Unis d'Amérique, du traité de commerce qui les liait à la Chine.

Au mois d'avril 1893, le vice-roi Li-Hung-Tchang accordait par acte spécial à la China-Merchants-Steamnavigation Company le droit exclusif d'amener à Tien Tsin les grains en franchise. Les Etats-Unis d'Amérique avaient, seuls jusqu'alors, obtenu ce privilège par un traité de commerce ; l'Angleterre y avait été pourtant admise elle aussi, en vertu de la clause de la nation la plus favorisée inscrite dans ses traités avec le Céleste Empire. Mais les Etats-Unis ayant

dénoncé, par le vote du Chinese exclusion Act, le traité qui
les liait à la Chine, le privilège dont ils jouissaient — et
avec eux, indirectement, l'Angleterre — tombait de lui-
même.

L'Angleterre, trop intéressée au maintien du privilège
américain, réclama néanmoins au Tsung-Li-Yamen le
retrait de l'acte qui concédait exclusivement à la China-
Merchants-Steamnavigation Company le droit d'amener
les grains en franchise, alléguant qu'il était contraire au
traité de commerce conclu entre la Chine et les Etats-Unis,
et au bénéfice duquel elle était admise, comme titulaire de
la clause de la nation la plus favorisée. Le Tsung-Li-Yamen
s'y refusa, faisant observer que le Chinese exclusion Act
l'avait délié vis-à-vis de l'Angleterre comme des Etats-
Unis.

La prétention de la Chine nous paraît très justifiée, car
l'Angleterre qui se prévalait, en vertu de son droit au traitement de la nation la plus favorisée, de la faveur dont
avaient bénéficié les Etats-Unis d'Amérique, n'avait ni
demandé, ni obtenu, un acte spécial qui la lui reconnût. En
stipulant purement et simplement la clause de la nation la
plus favorisée, elle entendait ne pas être traitée moins bien
qu'une autre nation — en l'espèce les Etats-Unis — mais
elle ne demandait rien de plus ; et le privilège des Etats-
Unis devenant caduc, elle perdait, elle aussi, son droit à
l'entrée en franchise de ses grains.

M. Lehr, dans un article consacré à « *la clause de la nation
la plus favorisée et la persistance de ses effets* (1) » a très exactement résolu cette question, en distinguant le cas où la
puissance titulaire de la clause de la nation la plus favorisée a voulu faire consacrer son droit aux faveurs accordées à un tiers pays, dans un acte séparé, persistant,

---

(1) *Revue de Droit international, 1893*, p. 313.

faisant dès lors « partie intégrante de son droit conventionnel », et le cas où elle se contente de la stipulation générale, abstraite, du traitement le plus favorable.

« Il faut tout d'abord, écrit M. Lehr, faire abstraction du
« cas où la puissance titulaire de la clause, sans se borner
« à se mettre en fait au bénéfice de la clause, a expressé-
« ment pris acte de la concession, au moment où elle
« entendait s'en prévaloir, et où cette circonstance a fait
« l'objet, soit d'une déclaration officielle adressée par elle
« à la puissance concédante et laissée par celle-ci sans
« réponse, ni contestation, soit à plus forte raison, d'un
« échange de correspondance entre les deux gouverne-
« ments. Dans ce cas, la concession, bien qu'obtenue
« grâce à la clause de la nation la plus favorisée, est
« devenue partie intégrante du droit conventionnel des
« deux puissances, et elle cesse de dépendre des relations
« qui peuvent exister entre la puissance qui y a consenti
« et celle qui l'avait obtenue la première : la bouture est
« devenue une plante séparée, dont la vie n'est plus subor-
« donnée à celle du tronc primitif !

« Mais doit-il en être de même lorsque la puissance qui
« se prévaut de la concession faite à un tiers n'en a
« demandé, ni obtenu nulle reconnaissance directe? Je
« consens à un voisin de passer par mon jardin ; tant qu'il
« jouit de cette faveur, peu m'importe que d'autres usent
« concurremment de la même facilité ; mais à un moment
« donné, je crois devoir verrouiller ma porte. Serai-je
« contraint de la laisser ouverte pour des gens avec qui je
« n'avais pas traité, qui n'avaient même pas songé à me
« demander eux-mêmes le passage, et qui étaient en
« somme bien moins au bénéfice d'un droit que d'une tolé-
« rance gracieuse.

« Il nous semble que la question doit être résolue néga-
« tivement. Celui qui ne jouit d'une faveur qu'implicite-
« ment et par analogie, et qui y attachait assez peu de prix

« pour ne l'avoir jamais fait consacrer formellement, ne
« saurait exiger qu'elle soit plus durable à son profit qu'à
« celui de la puissance qui l'avait expressément stipulée.
« Une concession implicite et accidentelle ne peut être plus
« durable qu'une concession expresse et directe.

« On arriverait d'ailleurs à ce singulier résultat que,
« sujette à résiliation et à suppression dans cette dernière
« hypothèse, elle serait perpétuelle dans la première ; il
« suffirait qu'une fois, et pendant un temps peut-être très
« court, une concession eût été faite à une puissance, pour
« que toutes celles qui sont assimilées à la nation la plus
« favorisée pussent l'invoquer indéfiniment. En effet, il n'y
« a pas de traités perpétuels, surtout de traités de com-
« merce ; toutes les conventions humaines sont fragiles,
« les internationales plus peut-être que les autres ; il arri-
« vera donc toujours un moment où le traité consacrant
« la concession dont il s'agit, deviendra caduc. Est-il rai-
« sonnablement admissible que la concession échappe à
« toute chance de résiliation, précisément parce qu'elle est
« purement implicite et n'a jamais fait entre les intéressés
« l'objet d'aucune convention expresse. »

Ces lignes judicieuses nous paraissent mettre très exactement la question au point. Et nous estimons, avec
M. Lehr, qu'une puissance ne peut se prévaloir des avantages que lui procure la clause de la nation la plus favorisée, qu'autant que ces avantages subsistent pour le tiers
pays qui est la nation la plus favorisée. Toutefois, si cette
puissance a eu soin, en se fondant sur la clause, de se les
faire accorder expressément et directement, ces avantages
font désormais partie de son propre droit conventionnel et
en suivent le sort. Les conventions passées avec des nations
tierces par le pays qui a souscrit à ces avantages et les a
reconnus n'ont plus d'effet sur lui.

M. Lehr, après avoir fait ressortir le peu de sécurité que
donne la clause de la nation la plus favorisée au pays qui

en est titulaire — puisque la durée de l'avantage invoqué
est subordonnée aux relations du concédant avec un tiers,
— ajoute : « Nous croyons donc que tout gouvernement
« fondé à se prévaloir d'une semblable disposition doit
« prendre soin, toutes les fois qu'un avantage qu'il peut
« réclamer pour ses ressortissants est accordé à une tierce
« puissance, de faire reconnaître et constater le fait par la
« partie concédante et de donner ainsi à la mesure le
« caractère d'une concession contractuelle, désormais
« indépendante de la concession primitive. »

La perte, pour le titulaire de la clause de la nation la
plus favorisée, du bénéfice des avantages conférés à un
tiers pays, résulterait également de l'incorporation du pays
tiers par un autre ne bénéficiant pas d'avantages semblables. L'absorption fait perdre à l'Etat incorporé son unité
politique. Il n'existe plus en tant que personnalité internationale, distincte des autres unités du droit des gens, et
avec lui sombre tout son droit conventionnel. Si donc,
par hypothèse, l'incorporé était le pays tiers jouissant du
traitement le plus avantageux, les réclamations des puissances titulaires de la clause de la nation la plus favorisée
n'ont plus aucun fondement du jour où ce traitement
disparaît. Pour se soustraire à la perte éventuelle de privilèges que leur conférait leur admission au traitement le
plus favorable, ces puissances n'avaient qu'à faire stipuler
formellement à leur profit, et par acte distinct, les privilèges dont elles ne jouissaient qu'indirectement.

Il en serait de même si le pays qui s'est engagé envers
une puissance à la faire profiter de tout avantage concédé
ou à concéder à une tierce nation, était précisément l'incorporé. Bien que titulaire de la clause, cette puissance ne
saurait se prévaloir, vis-à-vis de l'incorporant qui ne l'a
pas admise chez lui au traitement le plus favorable, de la
concession qu'elle tenait de l'Etat qui subit l'incorporation.

La question, pour se poser dans des termes différents, au cas de changement de condition d'un Etat, n'en doit pas moins recevoir la même solution. Les engagements — notamment la clause de la nation la plus favorisée — sous- crits par une puissance qui perd toute influence sur un des Etats qui jusque là lui était tributaire, ou qu'elle représen- tait dans ses relations extérieures, tombent d'eux-mêmes et ne sauraient aucunement lier l'Etat, affranchi de toute en- trave, qui a conquis sa liberté.

Des difficultés se sont élevées à ce sujet, après le traité de Berlin du 13 juillet 1878 qui reconnaissait l'autonomie de la Serbie.

La Serbie avait vécu jusque-là tributaire de la Turquie, n'ayant à ce titre aucune indépendance internationale. La Turquie, sa suzeraine, la représentait dans toutes ses rela- tions extérieures ; seule, elle avait le pouvoir de l'engager vis-à-vis des autres nations. Et elle avait notamment, par le traité de commerce du 22 mai 1862, assuré à l'Autriche dans toute l'étendue de ses Etats — donc en Serbie — le traitement de la nation la plus favorisée.

A la suite du traité de Berlin, la Serbie, Etat désormais libre et indépendant, avait conclu avec l'Angleterre, à laquelle d'importants avantages étaient consentis, un traité de commerce, le 7 février 1880. A quelque temps de là, le ministre du commerce autrichien adressa aux Cham- bres de commerce et d'industrie autrichiennes une circu- laire dans laquelle, après avoir énuméré les avantages concédés par la Serbie à l'Angleterre et pouvant intéresser le commerce autrichien, il s'exprimait ainsi : « Le traité de Berlin ayant garanti à l'Autriche les relations commer- ciales actuelles avec la Serbie jusqu'à la conclusion de nouveaux traités, et le traité de commerce du 22 mai 1862 avec la Turquie, ayant assuré au commerce austro-hon- grois le traitement le plus favorable, les marchandises austro-hongroises pourront également se prévaloir des dis- positions du traité anglo-serbe... »

Telle ne fut pas la manière de voir du gouvernement serbe. Par l'intermédiaire du ministre des affaires étrangères, M. Ristitch, il notifia au gouvernement autrichien, que le droit au traitement de la nation la plus favorisée ne pouvait être, en aucune façon, invoqué par l'Autriche, avant qu'elle ne l'ait formellement stipulé par traité auquel souscrirait la Serbie. La note serbe s'appuyait sur le titre de puissance souveraine que lui avait conféré le traité de Berlin. Or, qui dit puissance souveraine, dit puissance indépendante, maîtresse de ses rapports avec les nations étrangères. En réalité, la situation de la Serbie était celle d'un pays neuf qui n'a aucun traité ; et si le traité de Berlin, sur lequel s'appuyait le ministre du commerce autrichien, maintenait l'état de choses existant au jour de sa signature, c'était uniquement dans le but de garantir les puissances étrangères contre toute modification inopportune et de permettre la continuation des relations internationales avec la Serbie, en attendant qu'elle ait conclu de nouveaux traités : en d'autres termes, il n'y avait là qu'une mesure transitoire. Aussi, les puissances étrangères, liées par traité avec la Turquie avant 1878, ne pouvaient-elles prétendre, en Serbie, jusqu'à la conclusion de nouveaux accords avec ce pays, qu'au tarif dont chacune jouissait jusque-là. Ce tarif, en fait égal pour tous, n'était pas, pour le gouvernement serbe, un obstacle aux modifications et améliorations qu'il voudrait consentir à une nation par traité. Il avait toute liberté sous ce rapport ; et ces améliorations ne donnaient à aucune puissance, n'en ayant pas obtenu la concession formelle ou indirecte par la stipulation de la clause de la nation la plus favorisée, le droit de s'en prévaloir.

Pour notre part, nous croyons inattaquable l'argumentation de la note serbe. En acquérant l'autonomie, la Serbie se trouvait par le fait même déliée de tous engagements pris par la Turquie ; aucune clause, pas plus celle du traitement de la nation la plus favorisée que d'autres, ne limitait sa liberté. Et c'était précisément cette liberté qui l'autorisait à contracter avec l'Angleterre et à placer ce pays dans des conditions plus favorables, cette liberté aussi qui lui permettait de refuser à l'Autriche de se prévaloir en Serbie de la clause de la nation la plus favorisée qu'elle tenait seulement de la Turquie.

Des difficultés de même ordre se sont élevées, à diverses reprises, par le fait qu'une ancienne possession ottomane ou qu'un ancien Etat barbaresque passait au pouvoir d'une puissance chrétienne. On a voulu soutenir que les Capitulations, et les privilèges qu'elles renferment, n'étaient pas abrogés et notamment que la clause de la nation la plus favorisée, obtenue du sultan ou de ses tributaires continuait à produire effet, liant la puissance chrétienne qui se substituait à lui.

Cette prétention nous paraît dénuée de tout fondement; et pour peu qu'on envisage les causes qui ont fait introduire le régime des Capitulations, ces causes disparaissant par la substitution d'une souveraineté chrétienne, on est amené à déclarer les nations tierces déchues de tous les droits dont antérieurement la domination ottomane les autorisait à se prévaloir, et de tous les privilèges, avantages quelconques et immunités qu'elles avaient obtenus, directement ou indirectement, de la puissance ottomane ou barbaresque.

Nous avons rappelé, — brièvement il est vrai, car notre étude ne comportait pas de longs développements sur ce sujet — ou plutôt nous avons signalé — renvoyant pour plus de renseignements à l'ouvrage si intéressant du baron d'Estournelles de Constant, *Le protectorat français en Tunisie*, — les difficultés sans nombre que l'Angleterre et l'Italie nous avaient suscitées en Tunisie, et leurs prétentions à maintenir, malgré notre établissement, les droits qu'elles avaient obtenus du Bey, tributaire du Sultan, tant qu'elles n'auraient pas consenti à y renoncer. Aussi, quel n'a pas été l'étonnement du gouvernement français quand, à la suite de son établissement à Massaouah en 1886, l'Italie prétendit de sa seule autorité, sans accord avec nous, supprimer l'état de choses dont nous avions bénéficié jusqu'ici, état de choses que nous avait valu l'établissement des Capitulations après entente avec le gouvernement ottoman.

Le gouvernement français, conséquent avec lui-même, ne méconnaissait pas le droit de l'Italie à exiger sa renonciation aux avantages, notamment au bénéfice de la clause de la nation la plus favorisée, que lui avait concédés le Sultan. Mais il entendait, pour sauvegarder et sa dignité et ses droits, se prévaloir lui aussi des prétentions qu'avait élevées l'Italie lors de l'établissement de notre protectorat en Tunisie, pour l'obliger à obtenir par accord sa renonciation. Il s'autorisait, ni plus ni moins, des précédents créés par l'Italie elle-même, pour dire que les Capitulations n'étaient pas supprimées *ipso facto*, et qu'il fallait pour qu'elles disparussent, l'adhésion des gouvernements interessés.

Le gouvernement italien, après avoir affirmé que les Capitulations n'avaient jamais existé à Massaouah (1), après avoir affirmé ensuite que, si elles avaient existé, du moins n'avaient-elles plus de raison d'être dans un pays administré par une nation chrétienne (ce que la France ne contestait pas), crut se justifier et se soustraire aux exigences si naturelles de la France, après l'exemple qu'elle en avait reçu en adressant aux puissances, le 13 août 1888, une Note dans laquelle il faisait la distinction suivante :

---

(1) Comment se faisait-il alors, que le gouvernement français y eut un vice-consul, tenant son *exequatur* de la Sublime Porte, lequel vice-consul exerçait sa juridiction sur ses nationaux et sur les protégés de la France ?

« Lorsqu'un pays, dit à Capitulations, passe sous l'administration d'une puissance chrétienne, sans que la souveraineté change, les Capitulations ne cessent généralement d'être en vigueur que par suite d'accord entre la puissance occupante et les nations admises au régime des Capitulations. Mais il en est autrement lorsque le pays à Capitulations passe non-seulement sous l'administration, mais aussi sous la pleine souveraineté d'une puissance chrétienne ; dans ce cas, les Capitulations cessent *ipso facto* d'avoir empire. »

Cet essai de justification n'était, à vrai dire, pas heureux. En effet, dans le Livre Vert déposé à la Chambre des Députés par le comte de Robilant, le 30 juin 1886, et qui divise en trois catégories les territoires occupés par l'Italie dans la mer Rouge, à côté des territoires lui appartenant en pleine souveraineté et de ceux placés sous son Protectorat, Massaouah figurait simplement comme « territoire présidé et administré par l'Italie. » Il ne s'agissait donc pas de souveraineté, mais de simple administration, c'est-à-dire précisément de cette situation de fait dans laquelle la Note italienne du 13 août 1888 reconnaît que la suppression des Capitulations n'a pas lieu de plein droit, mais doit faire l'objet d'un accord entre les intéressés. Nous étions donc fondés à invoquer contre le gouvernement italien les principes mêmes qu'il avait posés. Mais le débat ne pouvait s'éterniser, et le ministre des affaires étrangères français, qui était alors M. Goblet, crut, en présence de la mauvaise foi italienne, devoir simplement prévenir le Cabinet de Rome que nous nous réservions de tirer des principes posés par lui, telles conséquences que pourrait à l'occasion dicter notre intérêt.

De tout ceci, nous conclurons que les faveurs accordées à un Etat tiers venant à disparaître pour l'une quelconque des raisons signalées, ces faveurs ne peuvent en aucun cas subsister implicitement au profit des puissances qui n'en jouissaient qu'à raison de la clause de la nation la plus favorisée; mais que du moins, et dans le cas de dénonciation de traités supprimant les faveurs accordées à l'Etat tiers, les puissances titulaires de la clause ont le moyen de se préserver de la perte éventuelle des avantages dont ils jouissent indirectement, en faisant stipuler expressément à leur profit ces avantages.

Vu :

Grenoble, le 7 mai 1900.

Le Président de la Thèse,
R. BEUDANT.

Vu :

Grenoble, le 8 mai 1900.

Le Doyen de la Faculté,
CH. TARTARI.

Vu et permis d'imprimer :

Grenoble, le 8 mai 1900.

Le Recteur d'Académie, Président du Conseil de l'Université,
E. BOIRAC.

TABLE DES MATIÈRES

www.ingramcontent.com/pod-product-compliance
Lightning Source LLC
Chambersburg PA
CBHW060601210326
41519CB00014B/3540